斎藤一人

人生に悩んだとき神様に応援してもらう方法

柴村恵美子 Shibamura Emiko

PHP研究所

進学、就職、転職、結婚、離婚、独立……

人生の大事なシーンで

選択を迫られたとき……

神様に応援してもらって
よりよい道に進むには
コツがあります♪

いつも神様を
意識する。

（いつも上気元で）

神様と同調する。

身の回りのもの
すべてに
感謝する。

「四方よし」で考える。

相手

自分

神様

世間

自分のできる範囲で
いいことをする。

さぁ、神様に応援してもらって
楽しく、豊かな毎日を
送りましょう♪

はじめに

私たちの人生は、選択の連続です。

「今日、何を食べるか」といった日常的なことはもとより、学校や就職先などの進路、結婚や転職といった、その後の人生を大きく左右する重大なことを決めなければならないときもあります。

そうした人生の岐路に立ったとき、「どちらにすればいいのか」と思い悩むこともあるでしょう。

その結果、「あのとき、こうしておけばよかった」とか「こうすべきだった」と後悔したこともあったと思います。

もちろん、私にもそうした経験はあります。

問題に直面して混乱したり、思い悩んだりした日がありました。

しかし、そうした困難を乗り越えたからこそ、今があるのです。

極端に言えば、**あなたが心の底から納得して「こうしよう」と決断したことに〈間違い〉はありません。**

もし、その決断がよい結果を招かなかったとしても、それは大切な〈経験〉として残りますし、そこからまた改善していけばいいのです。

でも、できれば間違わないに越したことはないし、「成功者は人生の岐路に立ったときに、どんな方法でその行き先を決めるのか」ということも知りたいですよね。


本書では、私が師匠である斎藤一人さんからどんなことを教わり、人生のさまざまな分かれ道や困難な出来事に直面したとき、どのような考え方、どのような方法で決断を下し、問題を解決してきたかを余すところなくお伝えしたいと思います。

地震や台風を避けることはできなくても、事前にその情報を知り、対策をとっておけば、被害を最小限に抑えることはできます。

それと同じで、問題や困難、トラブルや事故を完全に起きないようにすることはできませんが、そのときの対処法さえ知っておけば、いざというときに慌てずに済みますし、何よりも心配事が減って心が楽になるのです。

この本が、あなたの人生の旅路をサポートする最良のナビゲーターになることを、心から願っています。

柴村恵美子

斎藤一人　人生に悩んだとき神様に応援してもらう方法　目次

第1章　あなたの人生は、絶対よくなる！

一人さんの独り言

第2章

神様に人生の答えを教えてもらう方法

ひとり

一人さんの独り言

第3章

人生の答えを上手に導き出す方法～実践編～

一人さんの独り言

装丁：一瀬錠二（Art of NOISE）
本文イラスト：久保久男
出版プロデュース：竹下祐治
編集：越智秀樹（ＰＨＰエディターズ・グループ）

第1章

あなたの人生は、絶対よくなる！

なぜ多くの人が人生の岐路で迷うのか

多くの人が人生の岐路に立ったときに迷う理由。

それは、**正解がわからないからです。**


私たちが学校で教えてもらうことや試験には、答えがあります。

算数であれば1＋1＝2ですし、「北海道の道庁所在地はどこですか？」と問われたら、答えは「札幌市」しかありません。

答えがないものは教えられないし、試験で問うこともできません。だから学校で出る問題はどんなに難しくても、答えがあるのです。


でも、**人生に〈絶対的な正解〉はありません。**

たとえば、同居しているお姑《しゅうとめ》さんの「嫁いびり」に悩んでいる人がいたとします。この人はお姑さんに対してハッキリと「やめてください！」と抗議することで問題が解決したとしましょう。

だからといって、同じ悩みを持っているほかの人が同じことをしても、問題が解決するとは限りません。場合によっては、かえって問題が悪化することさえあります。

人それぞれ性格も違えば考え方も違い、育った環境や問題の背景も違います。だから、同じような問題でも、人によって解決策という〈正解〉が変わってくるのです。

ＩＱが高いからといって、成功や幸せが手に入るとは限りません。人生においては合理的な判断の先に、学校の試験のように〈正解〉があるとは限らないのです。

〈正しいこと〉が正解ではないのがこの世の中

〈正しさ〉というのも、それを判断する人によって「正しいか、正しくないか」の基準が変わってきます。

たとえば、ある場所に行こうとしたとき、どの道を選べば〈正しい〉ルートを選んだことになるのか。

目的地に向かって最短のコースを選びたい人と、散歩やハプニングを楽しみながら歩きたい人とでは、〈正しさ〉の判断がまったく違ってくるはずです。

かつてはガリレオの唱えた「地動説」ではなく、ローマ教皇庁が支持する「天動説」こそが〈正しい〉天文学だった時代もありました。

このように、人や宗教、時代によっても〈正しさ〉は変わります。

このほか、身近な例では受験、就職、結婚など、人生のあらゆるシーンで選択の瞬間が待ち構えています。どの道を行けば〈正しい〉選択になるのか、誰もが迷うことでしょう。

さらに言えば、幸せというのも「何に幸せを感じるか」は人によって変わりますし、同じように〈正しさ〉も、人それぞれ違ってくるのです。

時代はどんどんよくなっている

人によって〈正しさ〉は変わりますが、この世には人や国が違っても変わらない、〈絶対的な基準〉というか〈不変の摂理〉のようなものがあります。それを解く鍵は、宇宙の誕生にあります。

今からおよそ138億年前にこの宇宙は誕生しました。いわゆる「ビッグバン」です。ビッグバンによって生まれた宇宙は、今もなお拡大し、ひとつの生命として生成し、発展し続けています。

つまり、〈生成発展〉こそが変わらない〈宇宙の摂理〉なのです。

地球が誕生したときは、とても生命が育つような環境ではありませんでしたが、やがて地表の温度が下がり、流れ星に乗って有機物がこの地球に運ばれて、さまざまな生命の誕生につながりました。

そして今もなお、多くの命を育《はぐく》み続けています。これが〈地球の生成発展〉です。

人類は、誕生した当初は原始的な暮らしを営んでいましたが、その後文明を発達させ、さまざまな文化を生み出してきました。

これが私たち〈人類の生成発展〉です。

人類の発展の歴史は、争いの歴史でもあります。個人的なものから国家的なものまで、地球上のどこかで争いが起こっています。

そんな中で、私たちは失敗を繰り返しながらも確実に前に進んでいます。

短期的には後退や衰退に思えることでも、**長い目で見れば、必ず〈生成発展〉につながっているのです。**

「経営の神様」松下幸之助の〈生成発展〉思考

「経営の神様」と評された松下幸之助さんも、この〈生成発展〉を宇宙の原理だと考え、経営の大きな原則にされたそうです。

幸之助さんは、側近の方にこう語っています。

「初めての人間はどこから生まれてきたのか、と思ったんや。いろいろ考えたんやけど、そう簡単に答えは出てこん。ずいぶんあれやこれやと思いをめぐらした結果、人間は宇宙の根源から、その根源の持つ力によって生み出されたんやと、うん、そう突然ひらめいた。

宇宙の根源から生まれてきたんや。それは人間だけではない。宇宙万物いっさいがこの根源から、その力によって生み出されてきたんやと考えた。実際にそうかどうかは、わしは見ておったわけやないからわからんけど、そう考えるほうが便利がいい」

「その根源の力にひとつの決まりがある。それが自然の理法というもんや。そしてその力には宇宙万物すべてを生成発展せしめる力があると。自然の理法は生成発展やと言うたんは、そういうことやったんや」

戦前・戦後の混乱やオイルショックなどの不景気に負けることなく、松下電器産業（現・パナソニック）という会社を世界企業に育てたのは、まさに幸之助さんが〈生成発展〉を前提にして経営判断をしてきた結果ではないでしょうか。

ひとり 一人さんの独り言

人生にムダなことはひとつもない

人生には分かれ道があります。

誰と結婚しようかなとか、やめようかなとか。

ここに就職しようとか、しないとか。

そこでいろいろと迷うことがあるかもしれないけど、実はそこには〈流れ〉があるんです。

だから「あのとき、〈あっち〉に行っておけば」とかって思うけど、〈あっち〉には行けないようになってるんだよ。

人は人生の岐路で毎回、迷っているように見えるけど、人って死ぬ前に自分の人生を振り返ることができるんです。そうすると、そこは〈一本道〉になっているんです。

自分の道は一本道なんだけど、そこで〈ただ迷っているだけ〉なの。迷っているけど、結局はそこに行くって決まっているんです。

それで、必ず自分の魂の成長につながるような道になっているんです。だから、人生にはムダがないの。

「迷いがある」ということは、そこに「学びがある」からなんだよね。

人生の答えはたくさんあって、すべて正解なの

「魂の成長」って「人としての器を大きくすること」でもあるし、「正しい見方ができること」でもあるし、「爽やかな生き方」でもあるの。

投げられた球で傷つく人もいれば、それを気持ちよく打ち返す人もいるんだよね。

今、全国で「生成発展塾」というのをやってるんです。そこではひとつの質問に対してみんなで考えるんだよね。

ひとつの質問に対してたくさんの回答があるの。それは全部正しいんだよ。受け止め方が違うと、答えも変わってくるんだよ。

魂っていうのはどんなことをしても成長するの。たとえば大学に落ちても成長するし、ホームレスになっても成長する。だって、経験を積むことができるんだから。

魂ってどこまでも成長することができるんです。人間の肉体的な成長には限りがあるけど、魂の成長には限りがないんです。

たとえば人を憎むとすると、「人を憎むと苦しくなる」ということがわかるんです。だから、これも成長なの。

当人が成長してるつもりがあってもなくても、魂は経験を積んだから成長なんだよね。

ただ、自ら「成長しよう!」としてる人のほうが楽なんです。

「成長しよう!」としてる人は悪口を言われても、そこから成長の種を見つけて喜びに変えることができるんです。

成長と我慢とは違うんだよ。

はらわたが煮えくりかえろうが、黙ってたら同じなの。それで我慢すると心が抑圧されるんです。それで、抑圧された心はいつか爆発するんだよ。

でもこれが「成長しよう」とすれば、「俺も昔はこうだったけど、少しは成長したな」となって、心を抑圧せずに済むんです。

一人さんが失敗しないのはなぜ？

楽しく生きて魂が成長したら、人生は正解なの。

だから、私の考え方には失敗がないんです。**失敗はできないようになっているんだよ。**

私に言わせれば、人は人生の分かれ道でも、間違った判断ができないようになっているんです。それを「これは間違いだった」と思う人は、その人生が間違った人生になっちゃうんだよ。

人生って一本道なんだけど、その一本道って幅が広いんです。

それで、偏《かたよ》った考え方や間違った考え方をしているのって、道の端っこの壁にズリズリと擦りながら走ってるようなものなんだよ。


進む速さはみんな1日24時間で一緒だけど、苦労の多い人って右に偏ったり、左に偏ったり、ズリズリと壁に擦りながら走る分だけ辛いの。

それで、時間はどんどん過ぎていくから、誰も止めることはできないんだよね。


たとえば、お金にばかり執着すると偏って辛いけど、お金を大切にしないと、それも偏ってるから、辛いことが起こるんだよ。

「成功したいなら、成功脳にしないとダメだよ」

一人さんは昔から「成功したいなら、自分の脳を成功脳にしないとダメだよ」と言っていました。では、この〈成功脳〉とはいったい何でしょうか。

その昔、日本は太平洋戦争に負けて、アメリカを中心とする連合軍に対して、無条件降伏をしました。戦後の焼け野原を見て、多くの人は「もう、日本はダメだ」と思ったことでしょう。

しかし中には「これからの日本は必ずよくなる！」と思った人がいました。この少数の人たちが、日本の奇跡的な復興の原動力になったのです。

これはすべての時代、すべての国に共通することです。どんなに困難な問題にぶち当たっても「絶対よくなる！」と思った人が国を変え、時代を変えてきました。成功するのも、これとまったく同じです。

発明王のエジソンは、失敗を失敗と見ませんでした。ひとつ実験に失敗すれば「また、うまくいかない方法を発見した」と捉え、それを何千回、何万回と繰り返しながら後世に残る大発明へとつなげたのです。

うまくいってもいかなくても「絶対よくなる」

いつの時代でも「だからよくなる、必ずよくなる、絶対よくなる」と思った人が時代を切り開いてきました。

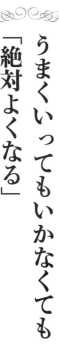

これこそが一人さんの言う〈成功脳〉だと思うのです。

多くの人は自分の思い通りにいかなかったこと、うまくいかなかったことを「失敗だ」と思ってしまいます。そして起こった出来事に対して「これがよくない」「あれもダメだ」と考えるだけで、うまくいかなかった原因を活かそうとはしません。

これは〈失敗脳〉となります。

これに対して、〈成功脳〉の人はうまくいかなかったことから改善点を見つけ、「これでよくなる」と考えます。

改善点が見つからなくても「これからよくなる」と思い、落ち込むことなく次に進みます。そしてうまくいっても「さらによくなる」ことを知っているので驕《おご》ることなく、また次の成功の種を見つけようとするのです。

〈成功脳〉とは、起こった出来事をただプラスに捉えたり、ポジティブな思考や前向きな考え方をしたりするだけではありません。

すべての出来事を〈生成発展〉という視点で見るのです。

「すべては生成発展しているんだ」と考えれば、自分に起こるすべての出来事に対して、心から「これでよくなる、だからよくなる、さらによくなる」と思えます。

そして周りの人たちに対しても、「この人たちも生成発展しているんだ」と思えば、失敗をゆるせたり、優しい気持ちになったりすることができるんです。

〈成功脳〉とはまさに、すべての出来事を〈生成発展〉という視点で見られる〈生成発展思考〉ができる脳のことなんですね。

どうしてもネガティブなことばかり考えてしまうときは？

では具体的に、自分の脳を成功脳にする、つまり、〈生成発展思考〉を身につけるにはどうすればいいかについて考えてみましょう。

まず、脳も常に〈生成発展〉していますから、終わりがありません。老化によって記憶力は落ちるかもしれませんが、その分、経験値は上がっていきます。たとえ死んだとしても、その経験や生み出したものは後世に残ります。さらに言えば、今世の経験は必ず来世に役立つのです。

だから私たちは常に、自分が〈生成発展〉することを考え、それに基づいた行動をとる必要があります。

ただ、自分はそう思っていても、その気持ちを萎《な》えさせるようなことをしたり、言ったりする人が現れます。また、どれだけ〈生成発展〉することを考えて行動しても、その結果がうまくいかないと落ち込んでしまいますよね。

落ち込むとつい、思考がネガティブになったり、否定的なことを考えてしまったりします。これはまさに〈生成発展思考〉とは真逆なことです。

では、そんなときはどうすればいいのでしょうか。

「愛」は人を動かす原動力、「恐れ」はブレーキ

人の心の中には、大きく分けて「愛」と「恐れ」の2つがあります。

「愛」は人が〈生成発展〉していくうえでとても大切なものですが、実は「恐れ」も同じように必要なものなのです。

「恐れ」があるからこそ、人は〈備え〉たり〈計画〉を立てたりします。

また、うまくいっていても「恐れ」があるおかげで〈行き過ぎ〉や〈やり過ぎ〉、〈過信〉を防ぐことができます。

つまり、**「愛」が人を動かす原動力になるのに対して、「恐れ」はブレーキの役割を果たしてくれるのです。**

問題はそのバランスです。

心の中で「愛」が優《まさ》っているときはいいのですが、「恐れ」が優位になると人は不安になったり、否定的になったり、ときには攻撃的になったり、思考停止状態になってしまいます。

その原因は過去の記憶や体験から来るものかもしれませんし、潜在意識から来るものかもしれません。

私たちの潜在意識には、さまざまな情報が眠っています。

心の中が「愛」で満たされているときには問題はないのですが、心の中で「恐れ」が優ってくると、同じような「恐れ」の情報を引き寄せてしまいます。

これが心に〈誤作動〉を引き起こす原因になってしまうのです。

「不安」を必要以上に受け取らない

心が誤作動を起こす「恐れ」の原因は、心の中だけではなく、外からもやってきます。

2016年末のアメリカ大統領選挙では、ご存じの通り、大方の予想に反して共和党のドナルド・トランプ氏が、歴史的な接戦を制して勝ちました。

すると、先行きの不安から株価は暴落。メディアはこぞって選挙期間中のトランプさんの発言を取り上げ、私たちの不安を煽《あお》るようなニュースを流しました。

その不安が「恐れ」を生み、心の誤作動につながっていったのです（その後、株価は持ち直したようですけど……）。

このように、不安になる要素は内からだけでなく、外からもやってきます。だからといって、あなたがその不安を過剰に受け取る必要はありません。

極端なことを言えば、トランプさんがどんな政治をやろうと、その結果、日本にどんな影響があったとしても、そのことであなたが不安になる必要はないですし、**あなたの人生は、必ずよりよい方向に向かっているのです。**

ひとり

一人さんの独り言

スランプは勝手に来て、勝手に去っていくもの

私はね、普段から鍛えてるんだよ。何をかって言うと、1分1秒たりとも「自分の心を下に向けない訓練」をしてるの。

だから、どんなことがあっても不安になったり、落ち込んだりしないんだよ。

たとえば、〈スランプ〉ってあるよね。

作曲家ならスランプになると曲が書けないとか、野球選手なら打てないとか、いいボールが投げられないってなるんです。

でも、そのスランプって実は、原因がないの。

スランプを抜けたあとならあれが悪かったとか、これが悪かったと思うけど、そんなことは昔からあったたし、そんなことなら解決できてたんだよ。

だから、スランプって治るときは勝手に治っちゃうの。その時期が来ると突然なって、時期が過ぎると突然治るんだよ。

とにかく、**スランプになるということは〈何か〉そこから学ぶことがあるんです。**

だから、なかなかスランプから抜けられないとしたら「ここから何を学べばいいんだろう」と考えることも大事なんです。

ところが、理由がないのに理由を追及するから、ドツボにハマるんです。

それで、治るときは勝手に治ることがわかると、その悩んでいた時期がもったいないって思うんです。

だから、次にスランプが来たときは「悩んだり、ジタバタするよりも、温泉にでもつかってのんびりしよう」とか、「本でも読んでいよう」ってなるの。勝手に来たものだから、勝手に去っていくんだよ。

スランプから抜け出すには体を動かす

スランプは、私たちが生まれてくる前に、魂の成長に必要なこととして自分でプログラミングしてきたものなんです。

スランプになると「スランプになった人の気持ち」がわかるようになる。そうすると、人に対する思いやりの気持ちも持てるようになるんだよね。

スランプって時限爆弾みたいなものなの。天気予報みたいにあらかじめ来るのがわかるものではないんだよ。


それで、スランプを早く治したかったら、止まっちゃダメなの。心の悩みと同じで、体を動かしながら解決するんだよ。

だから観音参りとかがいいの。スポーツをするとか、散歩をするとかでもいいの。とにかく、何か行動すればいいんだよ。


心の悩みは、止まって考えちゃダメなの。

観音参りでもお遍路でも、そこに〈教え〉があるわけじゃないんです。

もしそこに教えがあると、その教えに従わないといけないけど、人の悩みは万人違うんです。

人間は、ただ体を動かしていれば、悩みを解決するようないい考えが浮かぶか、体を動かしているうちに悩みが消えるように、神様がつくってあるんだよ。

一人さんの辞書に「落ち込む」という文字はありません

息は「吸う」か「吐く」かしかないよね。魂は「内に向かう」か、「外に向かう」かなんです。だから、内にだけ向かうのはないの。

「落ち込んでる」っていうのは魂が内に入っている状態を言うんだよね。だから、私には「落ち込んでいる」っていう言葉はないの。

ただ「魂が内に向いてるなぁ」と思うだけなの。そしたら休むとか、自分をゆっくり見つめてみるとか、楽しいことをするんです。

そうすると、自然と魂は外に向かい出すんだよね。

実は、経済もこれと一緒なんです。
景気は悪いときとよいときがある。よいときには、悪いときのために備えればいいの。それで、〈備える〉っていうのは「お金を貯める」っていうことじゃないんだよ。

「景気が悪くなっても自分の会社を選んでくれるようにする」っていうことなんです。

そうすると、よいときは悪いときに備えていたら、悪くなってもお客さんは来てくれて、それで景気がよくなってきたら会社はいちだんと伸びるんだよね。
さらに向上心があると「悪いときでも伸びる方法って何だろう」って考えるんだよね。
そうすると、悪いときでも伸びるんだから、よいときはもっと伸びるんだよ。

成功には「その人に合った成功法」がある

一人さんの言う「自分の心を下に向けない訓練」とは、自分の気を常に上へ上へとあげることです。

何があっても自分の機嫌を自分でとって、楽しくて明るい〈気〉を集める。

つまり、〈上気元《じょうきげん》〉でいることです。

〈上気元〉については私の著書『斎藤一人　天が味方する「引き寄せの法則」』（PHP研究所刊）などでたくさん書いてきましたので、詳しくはそちらをご参照いただくとして、本書では私が最近実践している、最新版をご紹介します。

それは「凡活《ぼんかつ》」です。

最近、いろんなところで「恵美子社長のようになるには、どうすればいいですか？」と聞かれます。

そこで私なりに考えてみたのですが、成功には「その人に適した成功の仕方」があると思うんです。

そして、それは大きく3つのタイプに分かれます。

1つ目は天才タイプ。

天才とは「天から特別に与えられた才能を持つ人」です。

努力して後天的に身につけた能力ではなく、生まれ持った特別な能力がある人。一人さんは、まさにこの天才タイプだと思います。

2つ目は秀才タイプ。

勉強でも、スポーツでも、何かのジャンルや分野で「人より秀でた才能を発揮する人」がこのタイプです。学年に必ず1人か2人、「すごく勉強ができる」とか「スポーツがめちゃくちゃうまい人」っていますよね。

天才が「先天的に持って生まれた才能」なのに対して、秀才は「後天的に身につけた才能」です。

ただ実は、天才も秀才も、その能力を今世だけで身につけたのではありません。前世から何代もかけて才能を磨き上げ、その努力が今世で花開いたのです。

天才のマネをすることは大切なことです。私もそうやって一人さんのマネをしながら、教わってきたことを素直に実践した結果、今の私があります。

だからといって、天才や秀才のマネをすれば、誰もが天才や秀才のようになれるかというと、そういうわけではありません。

天才や秀才のように才能を開花させるためには、**根本的な「自分づくり」が必要なのです。**

凡人がその他大勢から抜け出す方法

天才や秀才は、その才能をうまく活かせば成功することができます。

では、天才や秀才が持っているような特別な才能のない、凡人はどうすればいいのか。

ここでは、3つ目の「凡才《ぼんさい》タイプ」の人が成功する方法についてご紹介します。

凡才には、天才や秀才のような特別な才能はありませんが、その代わりに「ひとつのことに縛られることなく、何でもできる」という〈汎用的《はんようてき》な才能〉があります。

また、天才や秀才は自分が〈できる〉ので、〈できない〉人の気持ちや「なぜ、できないか」を、なかなか理解しにくい傾向にあります。

それに比べて**凡才は、凡人の気持ちがわかります。**

天才と秀才を合わせても世の中には2割ぐらいしかいないので、残りの8割は凡人なんです。

その人たちの気持ちがわかるということは、その才を活かせばすごいですよね。

さらに言えば、ひとつのことに縛られない凡人のほうが、一番学びが大きくて、一番自由で楽しいのです。

だからこそ、神様は多くの人を凡人として、この世に送り出してくれたのかもしれませんね。

凡人は完璧を目指してはいけない

もちろん、私も凡人です。

その凡人が、〈凡才〉という才能を磨いたからこそ成功できたのです。

多くの凡人が成功できないのは、天才と同じようなことをしようとか、秀才になろうとするからうまくいかないのです。

そこで凡人が才能を磨く活動を、私は「凡活」と呼んでいます。

「凡活」をするうえで一番大切なことは、**「不完璧でいい」「完璧を目指さない」という〈不完璧主義〉でやることです。**

もちろん「不完璧でいい」＝「努力しない」ことではありません。自分のできる範囲で一生懸命にやる。いい意味での「いい加減」。自分にちょうどいい加減を選ぶのです。

最初から完璧を目指すと苦しくなりますし、できない自分を「私はダメなんだ」と否定してしまいます。

でも、「不完璧でいい」となれば気が楽ですし、できなくても自分を否定しなくて済みます。

最近売れているタレントさんでも、不完璧な人が多いように思います。

あるタレントさんの場合、テレビに出始めた当初は売れようと必死にがんばって完璧を目指しましたが、うまくいきませんでした。

「自分はもうダメなんだ」と思っていたとき、親しい人から「自分らしく、自然にやればいいよ」と言われ、「完璧じゃなくていいんだ」と思って肩の力が抜け、そこから売れ出したのだそうです。

やればやるほど心が晴れて、気が楽になり、自分のことが好きになる。
これこそが「凡活」の最大の特徴なのです。

凡人が毎日を楽しく生きるコツ　その①「笑活」

「凡活」をさらに具体的にしたオススメの活動が3つあります。
1つ目は「笑活《わらかつ》」です。

この「笑活」とは、簡単に言えば「笑うための活動」です。
笑顔でいると人が集まり、免疫力も高まって健康になります。
それに、笑っていると〈負の気〉が払拭《ふっしょく》されます。さらに「笑う門には福来る」で、笑顔でいると、いろんないいことを引き寄せるのです。

「楽しいことがないから笑えない」なんて言っていると負の気がたまり、不機嫌は不機嫌を引き寄せて、さらに「笑えない」状態を引き起こしてしまいます。

だから「笑活」では、とにかく積極的に〈笑い〉を求めるようにします。


特に私が最近ハマっているのは、空いた時間や移動の途中にYouTubeなどの動画サイトで、漫才やお笑い動画を観ることです。

そうすると一日の最高のスタートを切れます。

今はテレビだけではなく、インターネットやさまざまな方法で動画を観ることができます。皆さんもぜひ、お気に入りの芸人さんや楽しい動画を見つけて「笑活」してください。毎日がもっと楽しくなりますよ。

凡人が毎日を楽しく生きるコツ その②「楽活」

2つ目の活動が、楽しいことを集める活動、その名も「楽活《たのかつ》」です。

美味しいものを食べたり、好きなテレビ番組を探したり、買い物をしたり、お酒を飲みに行ったり、とにかく自分にとって楽しいことを集めることが大事です。

楽しいとエネルギーが高まり、それが生きるエネルギー、成功のエネルギー、生成発展のエネルギーに変わっていくのです。

楽しいと自分も幸せになるし、周りも幸せにします。

最近売れているタレントさんをよ〜く見てください。

特に秀でた才能があるわけでもないのに、売れている人がいます。

この人たちに共通するのは、**とにかく「楽しそう」ということです。**

凡人が毎日を楽しく生きるコツ　その③「喜活」

そして、3つ目の活動が「喜活《よろかつ》」です。

楽しいことっていろいろありますが、中でも私が一番「楽しい！」と思う瞬間は、「人が喜ぶ顔を見たとき」です。それが「喜活」。

この活動が一番、人を成長させます。


人を喜ばせるためにはまず、相手のよいところを言葉に出してほめたり、お役に立つことを考えたり、自分でできる範囲のことをやります。そうやって、自分のできることを考えて、知恵を出すようにしていると、頭がよくなり、いろいろなアイデアが浮かんでくるようになります。

そして、そのことで相手が喜んでくれることを思うだけで、ワクワクします。このワクワクが最高の波動（エネルギー）であり、〈神の波動（エネルギー）〉でもあるのです。

私は人を喜ばせることをやってきた結果、自分の価値というものに気づくことができました。

「恵美ちゃんといると幸せだよ」と言ってもらえて自分の価値に気づき、人に貢献できる喜びを知りました。

それが私のよいエネルギーに変わり、現在の豊かさにつながったのです。

「喜活」の神髄、「ありがとうゲーム」のススメ

「喜活」のひとつに、「ありがとうゲーム」というものがあります。

人が喜んでくれると、自然に「ありがとう」という感謝の言葉が返ってきますよね。その「ありがとう」を相手の人に言ってもらう、というゲームが「ありがとうゲーム」です。

「ありがとうって言ってもらうためには、どうしたらいいかな」
「何をしたら喜んでもらえるかな」
と必死になって考えているうちに、相手の心理が見えてきたり、その人のため

に自分は何ができるかがわかってきます。

私はこのゲームで、今まで自分のことしか見えていなかった自分に気づくことができ、人のことがより深く見えるようになりました。

相手の人が喜んでくれて「ありがとう」って言ってくれたら、自分もうれしくなって「ありがとう」って思えます。

これを1日4回、1ヵ月100回以上を目標に実行してみてください。自分の変化がよくわかると思います。

そこが「ありがとうゲーム」のすばらしさであり、「喜活」の神髄じゃないかなと思うんです。

自分にも周りにも いい影響を与える人になる

「笑活」も「楽活」も「喜活」も、誰かに与えてもらうものではありません。自分でできることです。いわば、〈自家発電〉ですね。

自分の心をいつでも元気にできる「上気元自家発電所」があれば、どんな相手に接しても自分の機嫌を自分でとることができるだけではなく、人にも元気を分けてあげることができます。これこそ、上気元の神髄ですね。

多くの人はマジメです。子どものときは自由にハメを外して楽しんでいた人も、大人になるとまるでマジメなことが勲章であるかのように思ってしまうことも多いようです。

マジメなことはいいのですが、〈マジメ菌〉が体中に増殖して、「マジメ・ジメジメ」になると楽しさがありません。実は大人も子どもと一緒で、楽しんだもの勝ちなんです。

一人さんは天才ですが、「凡活」の達人でもあります。だから私も日々、「凡活」を極めようと活動しているのです。

そんな一人さんだから、楽しいことを見つけるのもすごく上手です。いつも楽しいことを考えています。

どんなことを考えているかを知りたい方は、「ひとりさんの夢の話」「もしもし地獄の話」（ともに『二千年たってもいい話』斎藤一人著・イースト・プレス刊に収録）「宇宙の話」（『気づいた人から成功できる「人」と「お金」の50のルール』斎藤一人著・サンマーク出版刊に収録）を読んでみてください。

一人さんのすごさがわかりますよ（笑）。

一人さんの独り言

「最高の生き方」とは「人の悩みを解決する」こと

魂の成長って、経験からいろんなことを学ぶんです。
すると自分を助けるし、他人も助けることができる。
つまり、神様のお手伝いができるんだよね。

結局、魂の成長っていうのは神に近づく旅路のことなんです。

自分の悩みを解決し、そこで学んだことで、同じように悩んでいる人のことを助けてあげるって、最高の生き方だよね。

でも、悩みを解決する方法を知って、それを同じように悩んでいる人に教えないでいると、その人は〝イヤな人〟に変わるんです。

そうすると、その人はイヤな人としての人生を歩むことになるんだよ。

「うまくいっている人」「幸せな人」と付き合おう

強力な磁石にナイフをくっつけておくと、そのナイフ自身が磁力を帯びて磁石になるんです。

でも、磁石から離して放置しておくと、その磁力はやがて失われるんだよ。

それと同じで、常に「うまくいってる人」や「幸せな人」「豊かな人」と接しておくことが大事なの。そういう人って魅力という「引き寄せる磁力」を持ってるんだよね。だから成功するし、豊かにもなれるんだよ。

それと、ナイフには磁石の磁力を取り入れようという性質があるから、磁力を持つことができたんだよね。

それと同じで、**人のいいところを取り入れようという気持ちがないと、その力を自分のものにすることはできないの。**

でも、一生懸命に取り入れようとしてると、それがやがて自分の魅力になっていくんだよ。

問題が起こったら「ゼロベース」で考える

「生成発展」と聞くと、どんどん大きくなって増えていくイメージですが、実は**〈常にゼロベースで思考する〉ことが、とても重要なポイントになります。**

人にとって過去の経験は大切な宝物ですが、ときにはそれが大きな障害になることもあります。

たとえば、過去の成功にいつまでもとらわれて、なかなか新たなチャレンジができない人などがそれにあたります。

〈常にゼロベースで思考する〉というのは、すべてをなかったことにするということではありません。また元に戻すということでもありません。

何かあったときに、〈今、この場をスタート地点にする〉ということです。

「ここがスタート地点だ」と認識すれば、その目的や手段が明確になります。問題が起きるときは、過去の経験や他人の意見、さまざまな感情などが相まってゴチャゴチャになっていることがよくあります。

だから、いったんそれらを整理する意味でリセットし、仕切り直して〈今〉を改めてスタート地点にするのです。

起きた現象に対して「ここをスタート地点にしよう」と考えれば、気持ちも切り替わって、新たな視点で物事を捉えることができます。

「生成発展思考」とは、常にポジティブに考え、〈日々新たなものになる〉ことでもあるのです。

過去も未来もすべてあなたの心が決めている

私たちはタイムマシンがない限り、肉体を持ったまま過去や未来を行き来することはできません。

でも、魂は想念を通して、過去にも未来にも行くことができます。

過去も現在も未来も、すべてひとつの線でつながっています。

たとえば、今が楽しければ、過去が楽しいものとしてイメージされます。

今が悲しければ、過去が悲しいものとしてイメージされます。

そして、今が楽しければ、未来は明るくなります。

今が悲しければ、未来も暗くなります。

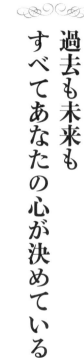

一人さんが「過去は変えられるよ」と言っているように、**あなたの過去も未来も、「今、自分がどう思っているか？」によって形づくられているのです。**

「今が幸せ」なら、過去を見たときも、未来を見たときも、「幸せな過去」「幸せな未来」になります。

今、現在を切り替えることで、過去の〝傷〟だと思っていたことも、〝成長〟のために必要だったことに変わります。

そのためには、〈今〉を楽しく考えるクセをつけることです。

他人のせいであなたの努力が水の泡となったときの考え方

人生は自分が思ったようなことばかりが起こるわけではありません。

今まで苦労してやってきたことが突然、他者の心変わりで変更され、その結果、自分の努力がムダに終わったりすることもあります。

そんなことが起こるとやる気もなくなりますし、辛いですよね。

でも、世の中にはそういうことってあるのです。私も過去、そういうことを何度も経験してきました。

私の場合は「人生はゲームだ」と思って乗り越えることにしています。

オリンピックの競技でも、突然のルール変更ってよくあることです。それが結果として、選手の不利になることだってあります。

それでも選手たちはくさらず、あきらめず、変更されたルールに則《のっと》って技を磨き、勝利を目指します。

これもやはり、「ゼロベースで物事を捉える」ということです。

こうして何があっても、自分のことを信じて実践した人だけが、最後に勝利を手にすることができるのです。

何をやってもうまくいかないときは「素直さ」が欠けているのかも

ゼロベースで思考するためには、**〈素直さ〉が必要になります。**
何があっても自分の気持ちをゼロに戻せる。
それが素直さにつながるのです。

多くの成功者が、「成功の要因」のひとつに「素直さ」をあげています。
素直でないと、人の意見や助言を聞くことができません。これでは生成発展が止まってしまいます。

私も過去を振り返ってみて、うまくいかなかったときや悩んでいたときは、たいてい素直さが欠けているときでした。自分の意見に固執したりして、相手の立場になって考えることができないのです。

だから今は、トラブルが起きたときや物事がうまくいかないときはゼロベースで考えるとともに、「意地を張っていないだろうか」とか「我が出ていないだろうか」と自分の素直さを必ずチェックするようにしています。

そして何よりも、素直になったほうが気持ちが楽です。

素直になれずにひとつのことに固執したり、執着したりしていると、苦しむのは結局、自分なんです。

一人さんの独り言

三流大学に入った人は、入ったなりの理由がある

人生って魂の成長のためにいろんなことがあるから、就職先を選ぶのでも「どっちの会社のほうが将来性があるか」よりも**「どちらが自分の魂の成長になるか」で選んだほうが間違いないんだよね。**

それで、どれだけ悩んだとしても、そっちに行くようにできてるんです。

自分の理想が魂の成長ならいいんだけど、そうじゃない理想を持ってるとうまくいかないし、ぶつかるんです。

だから、自分の希望ばっかり言ってると苦労が多いんです。

商売でも、お金を儲けて、お客さんにも好かれてというのは、それは当たり前のことで、神様が味方する人というのは「この商売で自分の魂が成長するためにはどうすればいいか」って考えるんです。

魂の成長のことを忘れちゃうというのは、自分が生まれてきた目的を忘れちゃうのと一緒なの。

でも、それでも人は無意識に魂の成長するほうへと行くようになっているんです。

極端な話、一流大学の受験に失敗して三流大学に行った人は、その三流大学のほうが魂が成長できるんです。

たとえば、三流大学を小馬鹿にしてる人って、そこに〝嫌ってる何か〟があるんだよな。そういう人が一流大学に入ると、三流大学の人を馬鹿にするんです。

だから、そういう人は三流大学に入って「そこに行ってる人の気持ちがわかる」という、魂の修行をするんです。

「お金儲けをしたい」とか「モテたい」というのでも、それが魂の成長につながるものならうまくいくし、楽しいんだよね。

どうしても何かを「あきらめられない」ときの対処法

どうしても何かを「あきらめられない」ときってありますよね。
大好きな人とのことや、大切にしてきたこと、努力を重ねて勝ち得た地位や名誉など、失うと想像しただけで頭がクラクラしそうなものって誰にでもあるものです。

でも、一生懸命にやってきたことをあきらめたとしても、それはゼロになるわけではありません。気持ちはリセットしても、やってきたことがゼロになるわけではないのです。

その努力は経験値としてあなたの身になっていますし、そこで得た知恵が必ず活かされるときが来ます。

実は、**手放すこともときには大切なのです。**

両手にものをたくさん持っていたら、新しいものを持つことはできません。手放せばそこには〈空き〉が生まれ、新たなものが入るスペースができるのです。

古代ギリシャの哲学者アリストテレスは、「自然は真空を嫌う」という言葉を残しています。

自然界は常に真空という〈何もない状態〉を嫌い、不足したところをすぐに、それに代わるもので埋めようとします。

それと同じように、大切にしていたものを手放したとしても、必ずそれと同等か、それ以上のものが返ってくるのです。

人生の選択を間違えたときはこう修正する

人生の岐路で間違った選択をすると、間違った方向に進むことになります。

だから「これは間違いだ」と気づいたらすぐに修正して、次に自分が正しいと思う方向に進みましょう。

でもこのとき、ただ進むだけではいけません。

前に進むときはまず、**計画が必要です。**


よく「人は思ったように生きられる」と言われますが、思っているだけでは実現しません。その〈思い〉を具体的な〈計画〉に落とし込んでいくのです。

計画していると、あなたの〈イメージ〉はどんどん広がっていきます。そこであなたの思いがあなたにとって本当に正しいものなら、〈ワクワク〉が起こります。そのワクワクが思いを実現していくためのエネルギーになるのです。

また「ワクワクすることをしなさい」とよく言われるのは、ワクワクすることや楽しいことをたくさん集めると〈上気元〉になって、プラス思考になり、それが成功脳になり、生成発展思考を身につけることになるからです。

それができたら、次はスケジュールと内容です。

自分の夢を目標にし、その中で人間関係をどうするか、仕事をどうするかといった、具体的なことに落とし込んでいくのです。

計画するとイメージが広がってワクワクする。そのワクワクがエネルギーとなり、さらに行動する。

途中でうまくいかないことがあれば改良し、また計画してイメージを広げ、ワクワクを生み出して行動のエネルギーにする。

これがまさに、生成発展の善循環です。

改良されていくと、人も商品もサービスも、どんどん魅力的になります。そこから生み出される仕事も、人生も、すべてが魅力的になっていくのです。

ひとり 一人さんの独り言

迷いが出るのは〈我〉のせい

魂の成長っていうのは、そんなに難しいものじゃないんだよ。ブスッとしてるより、笑顔のほうがいいに決まってるよね。その当たり前のことをやればいいの。

人の悪口を言うより、人のことを褒めてたほうがいいの。

自分が悪口を言われても自分は言わないほうがいいんです。結局、魂の成長って大人になることなの。

愛されるのでも、「愛されるためには自分の気持ちを殺して……」とかって思うけど、そうじゃないんだよ。

もともとの魂はキレイで〈我〉がないの。それが生きてるうちにいろんな我がついて、それが魂の汚れになってるんだよね。

その汚れで大切なものが見えなくなると、心を抑えようとするんだよ。

以前、週刊誌で私のことを「あることないこと」書かれたこともあったけど、普通ならそれを読んで湧いてきた自分の感情を抑えようとしたり、我慢するんだよね。

でも私の場合だと「向こうも商売だからしょうがないか」って思うんだよ。

それに、その週刊誌を出した出版社の中にも私のファンがいるの。だから、全然大した問題じゃないんだよね。

起こることはすべて「魂の成長だ」と考える人は成長が早い

魂は天国に行っても成長するし、地獄に行っても成長するの。

常に生成発展してるんです。

地獄に行くのは、そのほうが魂の成長になるから行くんだよ。


人は成長しないことはできないの。

引きこもりの人でも〈引きこもり〉という行動をとってるんだよ。それで、「引きこもるとどうなるか」という経験から学ぶんです。

だから、「何もしない」ということはできないんです。

「これは魂の成長だ」って考えている人は成長が早いの。
でも、神様は決して人に急がせようとはしないんです。
なぜなら、魂は永遠だから。

第2章

神様に人生の答えを教えてもらう方法

「天命に従って人事を尽くす」の意味とは？

人生の選択に悩んだり迷ったりしたとき、どうすればいいかわからなくなることもあります。

しがらみに惑わされたり、いろんな重荷を背負っていたりすると、冷静な判断ができなくなってしまいます。

そんなときは、**いったん重い荷物を下ろしてみることです。**

下ろしてから、どうしたらもっと別の方向へ転換できるかを考えて、そこに全力を傾けるようにします。

よく言われることですが、「人事を尽くして天命を待つ」という言葉があります。

でも、一人さんはいつも**「天命に従って人事を尽くす」と言っています。**

私たちは自分の人生を決めて生まれてきています。

だからこそ、その天命に従って人事を尽くすことが大切なのです。

苦しいときこそ神様に上手にお願いしよう

自分の頭で一生懸命考えて、どうしても答えが出ないとき、どうすればいいか迷ったとき、私は神様に頼り、お願いするようにしています。

「苦しいときの神頼み」という言葉にはちょっと身勝手なイメージがありますが、私は苦しいときこそ神様に頼るべきだと思っています。

何でもかんでも神様に頼っていると自分の成長や学びにならないので、たいていのことは自分で考え、判断し、行動するようにしています。

それでも、どうしても答えがわからないとき、判断に迷うときは神様にたずねるようにしているのです。


それは、学校の授業でわからないことがあったら手をあげて、先生に「ここがわかりません」と質問するのと同じです。

先生が生徒に「わからないところはいつでも、何でも先生のところに聞きに来るんだよ」と言うのと一緒で、神様も私たちが聞きに来るのを待っています。


私が信じている神様とは、この宇宙を創造した神様です。

その神様は、「普段は崇《あが》めてないのに、苦しいときだけ来るようなヤツは助けてやらん！」なんてセコいことは言いません（笑）。

ただひたすら、私たちの幸せを願ってくれています。それはまさに、子を思う親の気持ちです。


赤ちゃんにお乳をあげながら「1回、100円ね。大きくなったら返してね」なんて言うお母さんがいないのと一緒です。

神様は、私たちの成長がうれしくて、その幸せを願ってくれているのです。

一人さんの独り言

あなたが耐えられない試練を神様は与えない

私は神様が大好きです。

といっても、特定の宗教団体には属してません。

私たち日本人の先人たちは、空や海、山など、この世に存在するすべてのものに、〈神〉を見て大切にしていたんだよ。

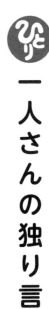

私が「神様が好き」と言うのは、それと同じ。

何があっても、神様は私たちを愛で包んでくれている、未熟だからこそ愛してくれるのが神様なんだという確信を持ってるんです。

でも、だからといってみんなに「私みたいに神様を信じろ」と言ってるんじゃないの。「一人さんという人は、そういう人間なんですよ」と表明しているだけなの。

なぜ、「自分は神様に愛されている」という思いが揺らがないのか。

その理由のひとつは、自分に起こる問題は、自分を進歩向上させようとして天の神様が与えてくださったものなんだ、と思えるからです。

すべての出来事は、自分をバージョンアップさせてくれる〈階段〉なんだと教わったおかげだと思ってるんです。

神様は、私たち人間を進歩向上させようと、もっと豊かに幸せになってほしいと願って試練を与えてくれるの。

それも、ただ辛い思いをさせるだけじゃない。**あなたが耐えられないような試練は、神様はお与えにならないんだよ。**

神様の助けを上手に受け取れる人、受け取れない人

神様は常に私たちを助けてくれています。
そのことを教えてくれる、こんなお話があります。

ある夜、男は夢を見ました。夢の中で神様と一緒に小高い丘に立ち、これまでの自分の人生が頭上の空に映し出されるのを見ていました。

男は神様と一緒に海辺を歩いています。砂浜にはいつも二人分の足

あとが残っていました。ひとつは自分のもので、もうひとつは神様のものです。

ところが男の人生が終わりに近づくと、ひとり分の足あとしか映し出されなかった情景が多いことに気づいたのです。しかもそれは、男がもっとも辛い思いをしていた時期ばかりでした。

男はなぜだろうと思い、神様に尋ねました。

「主よ、あなたはおっしゃいました。私があなたの教えに従うとかたく決心したときから、あなたは生涯いつも私とともにいてくださると。しかし、私の人生の最悪の時期には、ひとり分の足あとしか残されていませんでした。あなたをもっとも必要としていたときに、どうして私をお見捨てになられたのですか？」

神様は答えて言いました。

「私の大切な息子よ。私はお前を愛している。決して見捨てはしない。ひとり分の足あとしかないのは、そのとき私がお前を抱き上げて歩いていたからなのだよ」

（作者不明『こころのチキンスープ2』ジャック・キャンフィールド、マーク・ビクターハンセン 編著／木村真理、福岡佐智子 共訳／ダイヤモンド社刊）

この物語が示す通り、常に神様は私たちを助けてくれています。ただ、その〈助け〉を上手に受け取れる人と、受け取れない人がいるのです。

本章では、人生の岐路で道に迷ったときに、神様に上手に道をたずねる、柴村恵美子流の方法をご紹介します。

私が信じている神様をご紹介します

最初に、私が信じている神様のことをご紹介します。

この宇宙の真ん中にあって、すべてのものを創造した神様がいます。ある人はその神様を「ヤハウェ」と呼び、またある人は「アラー」と呼びます。日本の神道ではその神様のことを「天之御中主《あめのみなかぬし》」と呼ぶので、私も「天之御中主様」とお呼びしています。

天之御中主様以外にも、日本には八百万《やおよろず》の神様がいます。太陽の神様や水の神様、山の神様やその土地を守る氏神様。それぞれに役割があって、みんな大切な神様ですが、中でも私がとても大切にしているのは、「守護霊様」と「指導霊様」という神様です。

守護霊様とはその名の通り、その人を守護してくれる神様です。どんな人にも必ずこの守護霊様がついていてくれて、その人を見守ってくれます。

天之御中主様や天照大御神《あまてらすおおみかみ》様といった高位の神様のご意思を伝えるという〈縦の役割〉と、他の人についている守護霊様とのネットワークも持っていて、人と人とを出会わせるという〈横の役割〉も果たしてくれます。

その人にとって、一番身近で頼りになる神様なのです。

本気でやると神様も本気で助けてくれる

次に指導霊様は、仕事やその人の役割に対して指導してくれる神様です。

守護霊様は基本的に生まれてから死ぬまで代わることはありませんが、指導霊様はその人の仕事や役割、その難易度に合わせて、その都度代わります。

たとえば仕事でも、アルバイト気分で適当にサボりながら仕事をしているときは、〈適当に〉指導してくれる神様がつきます。それが仕事の面白さを知って一生懸命働き出すと、〈一生懸命に〉指導してくれる神様と交代するのです。

さらに自分のためだけじゃなく、お客様のため、多くの人の幸せを願って仕事をやり出すと、〈より高度な〉指導をしてくれる神様に代わります。

また、違うジャンルや別の専門知識が必要なときは、その領域が得意な指導霊様がついて助けてくれるのです。


指導霊様は自分で選ぶことはできませんし、お願いして代わってもらうこともできません。選ぶのは指導霊様のほうで、代わるときも、

「私では力不足になってきたので、私より上のあの神様に代わってもらおう」

と、指導霊様が自ら判断するのです。

だから、より高度な助けを得たいのなら、覚悟を決めて本気にならないと指導霊様は代わりません。

仕事や与えられた役割を適当にやって、指導だけは高度なものを受ける、などということはできないのです。

内容によってお願いする神様を変える

私は神様にお願いをするとき、その内容によってお願いする神様を変えています。

たとえば、自分の力では到底無理な大きなことに関しては天之御中主様。人間関係や人とのご縁に関しては守護霊様。それから仕事に関しては指導霊様にお願いするようにしています。

お願いの仕方はその時々によって変わりますが、毎日必ずやっているのは、寝る前に心を鎮めて、自分で決めている願い事などを唱えます。

具体的に解決したいことや悩み事があるときはそのことを口にし、

「この問題がすべて解決しました。（お願いしたい神様の名前を言って）お助けいただき（お導きいただき）ありがとうございます」

と言います。

そうすると、本当に不思議なことが起こります。

早ければ翌朝、遅くても数日中にその答えが〈ひらめき〉、さらには具体的な〈出来事〉や〈人〉を介してもたらされるのです。

この言葉を唱えれば、悩み事や問題は一気に解決

また、毎朝「ツイてる！　感謝してます！」を100回言って、一日を始めます。そうすると起こる出来事すべてがツイていて感謝することに変化していくの

です。

すでに「ツイてる！　感謝してます！」を、1日100回言い続けることを実行している人たちから、続々と体験談が寄せられています。

ある方は、仕事や生活がスムーズにいくようになり、自分の力以上のものが動いているような気がすごくしているそうです。

そしてその方は、28年間一緒にいるご主人から「年末年始のために」と10万円をポン！ともらったそうです。それも結婚して初めて!!　それに加え、義理のお母さまからもなぜか50万円がポンと!!

あまりにも今まであり得ない奇跡に、神様の存在を感じて、感謝の心がまた湧き上がってきたそうです。

言霊《ことだま》には、私たちの想像を超える力があるんですね。

神様からのメッセージを上手に受け取るコツ

先に、私は「苦しいときの神頼みでいい」と申し上げました。

でも、やはり上手に神様にお願いするのなら、苦しいときだけではなく、日頃から神様と接していたほうが、メッセージをより受け取りやすくなります。

普段から神様と接していると、神様からのメッセージや贈り物を受け取る〈コツ〉のようなものがわかってくるのです。

繰り返しになりますが、神様に願ったことが叶わないのは、神様が願いを聞いてくれないからではありません。私たちが上手に受け取れていないだけなのです。

では、具体的に「日頃から神様と接する」とはどういうことなのでしょうか。
私が実践している、3つのことをご紹介します。

1．神様を意識する

1つ目は、神様を意識することです。
「神様と接する」と言っても、神様は肉体を持っていませんし、その姿が目に見えるわけでもありません。それに、私は特別に霊感が強いほうでもないので、「あっ！　今、神様が来てる‼」というふうに、具体的に感じることができているわけでもありません。

ただただ神様のことを**〈意識している〉だけです。**
私は「神様が私のことを見守ってくれているなぁ」とか、「今日も一日、幸せに過ごせたのは神様のおかげだなぁ」などと、できる限り神様のことを思ったり、考えたり、口に出して言うようにしています。

神様のことを意識していると、いろいろなものが変わってきます。たとえば神様のことを考えていると、自然と笑顔になります。気持ちも穏やかになって、それだけで癒しの効果があるのです。

それに行動も変わります。

「神様が見ている」と思うと、悪いことができません（笑）。「誰も見てないからいいか」ということができなくなりますし、逆に「神様が見ていてくれる」と思えば勇気も湧きます。

「がんばろう！」と思えるから不思議ですね。

2．神様と同調する

2つ目は、神様と同調することです。

神様と接するためには、神様と同じ波動になる必要があります。

つまり、**神様と同調するのです。**それは、ラジオを聞くのに似ています。

自分が聞きたいラジオ番組を聞くためには、そのラジオ局の周波数に自分のラジオの周波数を合わせないと聞くことができませんよね。

たとえばAというラジオ局の番組を聞きたいのであれば、A局の周波数にあなたのラジオを合わせます。

いくらA局の番組が聞きたくても、周波数をB局に合わせていたら、聞こえてくるのはB局の番組になってしまうのと同じです。

だから、神様からのメッセージを受け取りたいのであれば、神様と同調することが大切です。具体的に言えば、神様と同じ〈上の気〉、つまり「上気元」になることで神様と同調できます。

でも人は、イヤなことがあったりすると〈不機嫌〉になります。不機嫌になるとあなたの気が落ちるのです。すると、神様と同調できなくなります。

さらに〈恨み〉や〈妬み〉、〈怒り〉や〈悲しみ〉はその人の気を下げて〈負の気〉、つまり地獄や浮遊霊と同調してしまうのです。

いくらあなたが「神様と接したい」と思っても、不機嫌でいたり、怒りや憎しみの感情を抱いたりしていれば、それと同じ波動を持つものと同調し、引き寄せてしまいます。だから、私たちは日頃から自分の気を下げず、常に上げていく努力が必要なのです。

一人さんは1分1秒たりとも「自分を落ち込ませるような考え方」をしません。だからこそ、神様に愛されて、多くの人からも愛されて、その結果として、成功し続けられるのだと思います。

3．感謝する

3つ目は「感謝する」です。これは1と2にも通じています。神様に対して感謝の気持ちがないと、成功したときに「これが自分の実力だ」と思い、天狗になってしまいます。

でも、神様、そして守護霊様や指導霊様のおかげだと思えば感謝の心が芽生え、天狗になることもないのです。

「感謝する」のは、神様にだけではありません。自分の体に感謝。その体を維持するために必要な食べ物に感謝。家や服、お金やさまざまな道具にも感謝。そして、自分の周りにいて優しくしてくれたり、いろいろな気づきを与えてくれたりする人たちにも感謝です。

実は、これらにはすべて神様が宿っています。

そのことに気づいて「ありがたいなぁ」と感謝し出すと、さらにそこにある〈愛〉が引き出されます。その愛を感じることが〈喜び〉であり、それ自体が神様と接している証拠なのです。

多くの人は幸せを〈外〉に求めようとします。**そうではなく、自分の〈内〉をもっと見つめるようにしてください。**

自分の中には「小宇宙」という宇宙があります。この宇宙が神とつながっているのです。空とつながっているのではありません。

天とつながるというのは、空を見上げてその先の宇宙の中心の神とつながるのではなく、**自分の中の宇宙を通してつながっているのです。**

だから、幸せを求めるにしても、問題の解決を求めるにしても、常に自分の内に問いかけるようにしてみましょう。

きっと、あなたにとって必要な答えが見つかるはずです。

ひとり 一人さんの独り言

〈努力〉は必要、〈苦労〉は不要

「かわいい子には旅をさせろ」って言うよね。

確かに旅をするといろんな経験をするから、いいんです。でも、この意味を「かわいい子には苦労させろ」ってとると、ちょっと違うんだよ。

人にとって、〈努力〉は必要なことだけど、〈苦労〉は必要なことではないんだよね。

努力はよくなるためにすることだから恥ずかしくない。でも、苦労してるというのは、間違ったことを続けてるから苦労するんだよ。

だから、苦労話を何か美談のように話してると、また同じ間違いが来るんだよ。

神様は正しい人間に苦労をさせるわけがないんです。

だから、苦労するということは、何かが間違ってるんだよ。

苦しかったら変えればいい、ただそれだけ

人生の問題でグーが出てきてるのに、こちらがチョキを出したら負けるよね。

そんなときはパーを出せばいいの。

「パーが出せません」って言うなら、出せる人を連れて来ればいいの。
自分が正しいと思ったことは貫けばいいいんだよ。

それで、それが間違っていたら苦労するの。それが苦しかったら、変えればいいんだよ。

だからやってみれば、それが自分にとって正しいことかどうかはすぐにわかるんだよね。それを、「やると言ったからには最後まで」って言うと、苦しさが続くだけなんだよ。

神様と接することができなくなる3つのNG

神様と接するために必要なことがあるのと同時に、「これをすると、神様と接することができなくなる」ことがあります。

その中でも、私が特に気をつけている3つのことをご紹介します。

1．人に機嫌をとらせる

人に機嫌をとらせる人がいます。これは絶対にやってはいけません。

中には無意識にこれをやっている人もいます。威張る人、不機嫌になって相手の注意や関心を引こうとする人などがそうです。

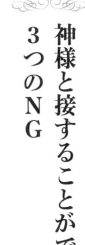

小さな子どもならいざ知らず、大の大人がこれをやると相手に迷惑をかけるだけではなく、自分も神様と接することができなくなってしまいます。

悪い出来事や自分の思い通りにならないことにいちいち腹を立てたり、不機嫌になったりするのもよくありません。

神様と接していても、自分の思い通りにならないことは起こります。

なぜなら、**ときに神様は「自分の思い通りにならないこと」を通して学ばせようとするからです。**

だから、イヤなことや自分の思い通りにならないことが起こっても、そのことで自分の機嫌を損ねることなく、常に上気元でいる。

そうすれば、必ず問題は解決しますし、神様からその問題を解決したご褒美も受け取ることができるのです。

2．地獄言葉を話す

すでに私の著書で何度も書いたことですが、大切なことなので、何度でも書いておきます（笑）。

日本人と話すなら日本語、フランス人と話すならフランス語を使うのと同じで、神様と接したければ〈天国思い〉をし、〈天国言葉〉を使わなければいけません。

いくら神様と接したくても〈地獄思い〉をし、〈地獄言葉〉を使っていれば、つながるのは当然、地獄の住人ですよね。

言葉は本当に大事です。**どんな言葉を使うかであなたの人生が決まると言っても過言ではありません。**

日頃から何気なく使うからこそ大切な言葉。どうせなら自分も幸せにし、相手も幸せにし、世間も喜んで、神様も○《マル》をくれる天国言葉を使いましょう。

地獄言葉をつい使いたくなったり、思わず使ってしまうこともあるかもしれません。そんなときは天国言葉をたくさん使って、地獄言葉を打ち消してください。

～天国言葉～

愛してます
ツイてる
うれしい
楽しい
感謝してます
幸せ

ありがとう
ゆるします

～地獄言葉～

恐れている
ツイてない
不平不満
グチ・泣き事
悪口・文句
心配事
ゆるせない

3．〈不思議なもの〉に依存してしまう

神様の力は不思議です。ときには奇跡さえ起こします。

だから余計に、〈不思議なもの〉に依存してはいけないのです。


たとえば〈占い〉。どうすればいいか迷っているときに占いの結果を参考にする程度ならいいのですが、どうすればいいかの判断を占いに依存し出すと運気はどんどん悪くなります。

たとえ「当たる！」と評判の占い師でも、その人に依存すればするほど、あなたの運気は落ちます。

なぜそうなるのかというと、**神様はあなたに成長してほしいのです。**


占いに頼るということは、人生の大切な判断を他人任せにしているのと同じです。それでは人生を生き抜く力は身につきませんし、成長もできません。

本来、〈不思議〉とは「思っても、議論しても不（いけない）」ものです。

この世には科学の力では説明できないような、不思議なことがたくさんあります。その中には神様が起こす奇跡もあれば、悪魔が人を惑わすために起こすようなこともあるのです。


そういうものに一喜一憂したり、議論したりすることは、いいことではありません。それよりも、**「現実にあなたが幸せかどうか」が一番大事なのです。**

私たちは生きていくためにお金を稼がないといけないし、独りでは生きていけません。さまざまな人間関係を築く必要があります。

そして、神様はそのことを通してあなたが成長できるようにしてくれているのです。


大切なことは、常に、**あなたの目の前にありますよ。**

一人さんの独り言

神様の助けが必要な人、必要じゃない人

いろいろなことに挑戦し出すと、いろいろなことが起こってくる。だから人は挑戦するのが怖いんだよ、不安なの。

だから、思い切って挑戦するときに初めて、「神頼み」が必要なんだよ。

そもそも挑戦しない人は、神頼みをする必要なんかないの。

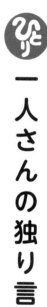

だけど、自分ができなかったことに挑戦したり、新しい仕事にチャレンジしたりするって大変なんだよ。

そんなとき、神頼みだって何だってしたくなるものなの。

自分がひとりぼっちだと、人間って弱いんだよ。

だけど、「神様がいる！」「自分には神様がついている！」と思うと強くなれるんです。

そしたら力が湧いてきて、くじけなくなってくる。これが「神がかり」なんだよ。

自分ひとりではできそうもないことだって、神様と一緒ならできる気がするの。

だから、「神がかり」で挑戦すると、いろんなことに立ち向かっていけて、ますます人生が面白くなっていくんだよ。

神様から〈優先〉される人の共通点

神様は公平です。

特定の人を〈えこひいき〉したりしません。

でも、**神様から〈優先〉される人はいます。**それは、たとえて言えば「飛行機の優先搭乗」みたいなものです。

私は出張で飛行機に乗る機会が多いので、飛行機会社の上級会員になっています。そうすると、手荷物検査場でも優先レーンを使えたり、優先的に搭乗できたりと、何かと優遇されます。

上級会員のほうが優先されるのは、飛行機会社の経済的な理由ですが、神様の世界にも優先順位があると思うのです。

私が「この人は神様に優先されているなぁ」と思うのはやはり、何といっても一人さんです。

一人さんほど神様に愛されている人はいません。

「ということは、一人さんがやっていることをマネすれば、私も神様に優先してもらえる人になれるかもしれない！」と思った恵美ちゃんは、ひたすら一人さんのマネをしました（笑）。

それが今の私です。

では、神様はどんな人を優先したいと思うかというと、**常に神様のことを慕い、敬愛し、お役に立ちたいと思っている人です。**

一人さんとはまさに、そんな人なんです。

それを表すエピソードはたくさんあるのですが、その中からひとつご紹介します。

ひとり　まるかんマーク誕生の秘密

今から20年ぐらい前の話です。

一人さんが設立した「銀座まるかん」のロゴマークは、現在はこの本のカバーにもついている、赤い丸に「ひとり」の文字が白抜きされたマークですが、設立当初は違うロゴマークを使っていました。

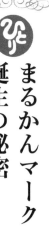

そのマークがなぜ変更されたのかというと、こんなことがあったからです。

今でこそ「斎藤一人」さんの名前は、本がベストセラーになるなどして高い知名度があり、それに合わせるように「銀座まるかん」や、大ヒット商品の「スリムドカン」の名前を多くの人が知ってくれていますが、20年ぐらい前は一人さんも本を出しておらず、知名度もそれほど高くありませんでした。

それまでも高額納税者番付に一人さんの名前が出て、マスコミに取り上げられることはあったのですが、1997年分の高額納税者番付で全国1位になったことで、テレビや雑誌などのマスコミ各社が「高額納税者番付1位の斎藤一人って何者?」と、こぞって記事にしたり、番組で取り上げたりしました。

さらにその半年ほど前に、一人さんが初めての本を出版していて、その本が瞬く間にベストセラーになって、世間の注目を集めたのです。

一人さんのことがマスコミで取り上げられれば、あわせて「銀座まるかん」のことも取り上げられて、そのロゴマークがテレビに出たり、雑誌に掲載されたりしました。その経済効果たるや、計り知れないものがあります。

プロスポーツ選手のユニフォームには企業のロゴマークがつけられています

が、あれは企業が知名度を上げるためにスポンサー契約をした証《あかし》です。

人気のあるチームであれば、企業はロゴマークをアピールするために何億円というお金を出します。

つまり、「銀座まるかん」は広告費や宣伝費を1円もかけずに、一人さんがマスコミに取り上げられたことで一緒にロゴマークも出て、何億円もの経済効果を生み出したのです。


私たち、まるかん関係者は全員、大喜びしました。

大好きな一人さんのことを多くの人に知ってもらえたこともそうですが、会社の知名度が上がるのはやはりうれしいことです。

神様がアドバイスを与えたくなる瞬間とは？

ところが、そんなうれしい気持ちに水を差すようなことが起こりました。

ある団体が「自社のロゴマークに類似する」と言って、その使用の差し止めを求めてきたのです。


そこで私はまず、弁護士の先生に相談をしました。

すると「商標を登録するときに問題がないことは確認しているし、万が一訴訟になったとしても、こちらが勝ちますよ」と言ってもらえました。

それを聞いて安心した私は、ことの顚末《てんまつ》を一人さんに報告し、今後の対応を相談しました。

私からの報告を一通り聞いた一人さんはまず、ゆったりと椅子に腰掛け、ズボンのベルトを緩めて楽な姿勢をとり直しました。

一人さんはいつも、何か大切な判断をするときには必ずこうして、心身ともに安らぐ体勢をとります。その姿はまるで、天とつながろうとするかのようです。

しばらくして、一人さんはこう言いました。

「よし、ロゴマークは変えよう」

それを聞いた私は驚きました！

弁護士の先生も「問題ない」と言ってくれましたし、何より、せっかく有名になったロゴマークをあきらめるなんて、信じられません。

その理由を聞くと、一人さんはこう答えました。

「これはきっと、神様からの〈もっといいアイデアを出しなさい〉という合図なんだと思う。それに、裁判で争うよりも、もっといい知恵を出したほうが、お互いのためだよね」

その結果生まれたのが、今の赤い丸に「ひとり」の文字が白抜きされたロゴマークです。

以前のものよりもオリジナリティーがあり、インパクトもある、すばらしいものができあがりました。

そして結果的に、ロゴマークを新しくしてからのほうが、お客様からの評判も、そして売上も、上がっていったのです。

ひとり

一人さんの独り言

負けるほうが学びは大きい

私の事業はずっと右肩上がりで、バブルのときもリーマンショックのときも売上は落ちなかったんです。

なぜそうなるのかというと、神様が応援してくれてるからだし、この仕事を通じて、「魂が成長するにはどうすればいいか」を考え続けている証拠だと思ってるの。

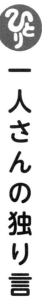

決して、競争に勝ったからじゃないんだよ。

100人で競争すると、勝つのは1人だけで99人は負けることになるよね。

でも実は、勝つことには喜びがあるけど、負けるほうは学びが多いんだよね。

負けるということは、学びのヒントなんだよ。

神様は常に罰を与えるんじゃなくて、学びの機会を与えてくれているの。

神様から応援される人は「四方よし」で考える

一人さんは常に「四方よし」になるように物事を考えます。

この「四方よし」とは、**「自分によくて、相手にもよくて、さらに世間にもよくて、そのことで神様が○をくれること」**です。

この「四方よし」の考え方こそが、神様から優先してもらえる生き方そのものだと思うのです。

「四方よし」で考えれば自分も幸せになるし、相手も、そして周りの人たちも幸せになります。ということは、「四方よし」をしているのは〈神様のお手伝い〉をしているのと同じことなのです。

神様はみんなが成長して、幸せになることを願っています。そのお手伝いをしてくれている人のことを優先しないわけがありませんよね。

幸せは〈権利〉ではない。〈義務〉です

ここで私から、ひとつだけアドバイスがあります。
決して「〈四方よし〉じゃなきゃダメだ」と思い込まないでください。
完璧主義は疲れます。
それに、完璧とは神の領域なので、人間は絶対に完璧にはなれません。
だからこそ、成長するのです。そのために私たちは生まれてきたのです。
大切なのはまず、**あなたが幸せになること。幸せになることは〈権利〉ではあ**

りません。〈義務〉です。

ひとりひとりが自分のことを幸せにできたら、世界中の人が幸せになれます。

それには、**まずあなたが幸せになることです。**あなたが幸せにならなければ、相手や周りの人を幸せにすることはできません。

他人に迷惑をかけずにあなたが幸せになることなら、それだけできっと神様は○をくれますよ。

神様が〈ここ一番〉で味方する人はココが違う

「四方よし」と同じくらい、これをしていると神様が優先してくれることがあります。それは**「徳を積む」ことです。**

普段から徳を積んでいると、〈ここ一番〉というときに必ず神様が味方してくれます。

「徳を積む」と言うと、何か特別ないいことや、大きな人助けをしないといけないように思うかもしれませんが、そんなことはありません。自分のできる範囲のことをすればいいのです。

たとえば、公衆トイレに入って便座が汚れていたら、トイレットペーパーでキレイに拭いて出てくるとか、そんなことです。

「自分が汚したんじゃないから」とか、「どうせ、トイレ掃除の人がやるから」ではなくて、キレイにしたほうが自分も、そのあとに使う人も気持ちよく使えるんです。

ほかにも、困っている人がいたら自分のできる範囲で助けてあげるとか、手伝ってあげる。ポイントはとにかく**〈自分のできる範囲〉です。**

無理をすると続かないし、どこか見返りを求めてしまいます。

だからとにかく**自分の苦にならない範囲でコツコツと徳を積めばいいのです。**

あの一人さんでさえ、〈大きな人助け〉は、人生で2回しかやったことがないそうです。1回目は、橋から川へ飛び込もうとした人を助けたこと。2回目は、坂道でリヤカーを自転車で引っ張って苦労していた人を後ろから押してあげたことだそうです。

それ以外は全部、「ただ自分のできる範囲のことをしているだけ」だと言います。

人生に困っている人がいたら、無償で解決の方法とか、成功の仕方を教えるのも、「ただ、自分の知ってることを教えているだけ」だと言うのです。

でも一人さんの場合、その「ただ、自分の知っていること」がすごいんですけどね（笑）。

徳は貯めることができるが減ることもある

徳って、銀行の貯金と違って、どれだけ貯まっているか目には見えません。

だからつい、「こんなことして自分の〈得〉になるのかなぁ」と思ってしまうかもしれませんね。


でも、実際に徳を積んでいると、気分が晴れ晴れとして気持ちいいものです。

それだけでも〈得〉をした気持ちになれます。

それに、「徳を積んでいれば、〈ここ一番〉というときに必ず神様が助けてくれる」と思うと、それだけで勇気が出ます。

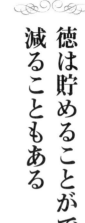

徳は積んで貯めることも大事ですが、減らさないようにもしないといけません。

陰で人の悪口を言ったり、人を傷つけるようなことをしたり、ゴミをポイ捨てするなど「これくらい、いいか」と思うことでも、徳はどんどん減っていきます。それでなくても、人は自分の気づかないところで何かしらかの迷惑をかけているものなのです。

貯まったつもりでなかなか貯まらないのが、「徳」と「貯金」なのかもしれませんね（笑）。

失敗は失敗ではなく「神様からの注意信号」

人間の魂というのは、「大いなる神の分霊《わけみたま》だよ」って、一人さんにずっと教わってきました。

ということは、みんなの心の中に宇宙があるんですよね。

そして、その宇宙は大きなひとつの〈天之御中主様〉という、絶対神につながってるんです。

ほとんどの人は、宇宙は外にあると思ってるけど、本当は自分の中にあることに気づくことが大切なのです。

たとえ何かで失敗しても、失敗じゃない。これは何かを神様が「気づけ」と言っているんだな、宇宙は私に何を教えようとしているんだろうって思うこと。失敗という「体験」をして、そこで学んだら、また切り替えていけばいいんです。

失敗しちゃったら、そこで前向きに生きることを学んだり、自分がイヤな気分になったときは、人にもやらないでおこうとか、いっぱい気づいていくことができるんですね。

私がこれまで人生の選択を間違えなかったのは、一人さんという宇宙、神、天とつながっている考え方を持ってる人が目の前にいて、その考え方を勉強してきたからなのです。

徳を積むことは宇宙貯金を増やすこと

私はこの「徳を積む」ことも含め、自分の目の前の人や状況に対してよいことをする行為すべてを「宇宙貯金」と呼んでいます。

私たちの誰かが、何か徳を積むことをしたとします。するとそれは、この世界にとってよいことがひとつ生まれたということです。

宇宙はつながっています。だから、人の悩みを聞いてあげて解決の手助けをすることも宇宙貯金になります。

今まで暗かったエネルギーを明るいエネルギーに変えていく。目の前の人に幸せになってほしいと思う、それって愛ですよね。

愛をもって行なったことが、宇宙にとっての貯金です。

そして、その愛を受けた人が、その愛を次の人に渡して、また受けた人が次の人に回していく。そうするとひとつの愛からどんどん愛が広がっていきます。

だから宇宙貯金は、ただ貯金するだけではなく、それを貯めて使うことでよりよいエネルギーを呼び起こします。お金と同じです。豊かなエネルギーが循環していくのです。

徳を積んだことが宇宙に貯金されて、それが宇宙からお返しとして、ツイてることが起きたり、いざというときに助けてもらえたりする運のいいことが起こるようになるのです。

一方、お金を使いたくても貯金がゼロやマイナスの人はおろせませんよね。同じように宇宙貯金も、貯金がないと使えないのです。

運のいい人、ツイてる人というのは、この宇宙貯金をたくさん持っている人なのだと思います。

一人さんはこの宇宙貯金を豊かな気持ちでどんどん貯めて、みんながよくなることは何か、それをいつも考えている人です。だから一番豊かなものが一人さんに返ってくるんですね。

私もこの宇宙貯金を貯めることを心がけて日々過ごしています。

「ツイてる！　感謝してます！」

この言葉も、究極に「宇宙貯金」を貯める言霊になります。

ぜひ皆さんも言ってみてくださいね。

よいことがなだれのごとく起きてきますよ。

ひとり 一人さんの独り言

不得意なこと、苦手なこと、すべてあなたの個性

自分は考えるのは得意だけど、体を動かすのは苦手という人がいるよね。

だから、「もう少し体力をつけよう」って思うかもしれないけど、でも、体力で勝負しようとすれば、それこそ鉄人レースに出るような人がこの世にはいっぱいいいるんだよ。

そんな人と競っても辛いだけだよね。

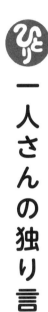

だから世の中は、そういう能力を利用してくれる人を待ってるんだよ。それで、人にはいろんな能力があるの。

私から見れば、自分の持ってる性格や性質はすべて〈宝〉なんです。それを多くの人は、「ここが悪い」とか、せっかくの宝物を悪いものに決めつけてるんだよ。なぜ決めつけるかというと、それは親に言われた言葉かもしれないし、先生に言われた言葉かもしれないね。

苦手なことは補ってくれる人を探せばいい

この本の著者の柴村恵美子さんは、実は「猪突猛進型《ちょとつ》」なんです。

こういうタイプの人は勇気も行動力もあるんだけど、計画がずさんになる傾向があるんです。だから私と組んだんだよね。**人生って誰と組むかなんです。**

名将は考えるのが仕事で、豪傑は戦うのが仕事なの。

これが、豪傑が作戦を立てるとずさんな作戦になるんだよ。

だから、大切なのは2つの組み合わせなんだよね。

「行動力があって勉強グセのない人」は、「勉強グセのある人」を探せばいいの。

自分で何でもやって完結させようとすることに誤りがあるんだよ。人間はそういうふうにできてないの。

恵美子さんは行動力があるんだよね。それで私は小さい頃から病気がちで体が弱いから、行動力はないけど考えることには長けてたんだよ。

そのふたりが力を合わせたら、お互いの力を何倍にも活かし合えるの。

それを「もっと恵美子さんは勉強して」とか「一人さんはもっと行動して」とか、不得意なことをすると、その不得意なことに比重が移って小さくなっちゃうんだよ。

第3章

人生の答えを上手に導き出す方法

～実践編～

他人の悩み事を考えて答えを出すと人は成長する

一人さんは、「斉藤一人　生成発展塾」という学びの場をつくってくれました！

本章では、ここで行なっている授業のひとつを、読者の皆さんにも体験していただきます。

塾といっても、一人さんが先生となって一方的に何かを教えるというものではありません。一人さん自身もこの塾に参加して、一緒に生成発展する目的でつくられたのです。

この生成発展塾では、他人の悩み事や相談を塾生全員で考えて答えを出します。このことがすごく人を成長させるのです。

なぜかというと、まず他人の問題解決には冷静に対応することができます。つまり、そこには感情が入りません。多くの場合、**問題解決の邪魔になるのは感情なのです。**

第三者的に考えることで、客観的にいろいろなことが見えてくるのです。

次に、ほかの仲間の回答も聞くことができます。そこから、答えはひとつじゃない、さまざまな回答があるんだということを知れます。

自分の運命さえもコントロールできるようになる塾

生成発展塾では、いくつかの「塾生が守らなければならないルール」があります。その中でもっとも重要なのは、**発言をするときに「場が盛り下がることを言ってはいけない」ということです。**

だから、回答も自《おの》ずからポジティブで、前向きなものになります。

同じポジティブな発想でもさまざまな捉え方が出て、それを聞くことで自分の発想もすごく豊かになるのです。

そして、自分に問題が起きたときにも冷静な判断ができるようになるのです。

こうして冷静な判断ができるようになると、感情もコントロールできるようになり、自分の運命さえもコントロールできるようになるのです。

以下、相談者からの質問が5つ出てきます。

それぞれに、あなたなりの回答を出してみてください。

「実際に知り合いがこういう相談をしてきたら、どう答えるか」という気持ちでお願いします。

どんな回答でもかまいません。正解があるわけではないのですから。

そのうえで、仲間の塾生さんたちの回答を見てみましょう。

「自分とは少し違うな」とか「こんな考え方もあるんだな」といった感じで、さまざまな角度で学びが生まれます。

そして最後は、総塾長である斎藤一人さんの回答をご覧ください。

決して一人さんの回答が〈正解〉というわけではありません。

大切なのは、**一人さんや仲間の塾生さんとの〈波動〉を合わせることです。**

この「波動を合わせる」というのはわかりづらいかもしれませんが、何度もやっていくうちに自分の発想が変わり、「ああ、こういうことか」とわかっていただけると思います。

質問 1

エステティシャンの仕事を変えるべきか悩んでいます

私はエステティシャンをしていますが、給料が出来高制で、集客も自分でやっています。

3年半がんばってきた結果、現在10人の固定のお客様がいますが、化粧品の販売も含め、売上は月に10万円くらいしかなくアルバイトもしています。

仕事を変えたほうがいいか悩んでいます。どうしたらいいでしょうか？

【塾生さんの答え① A・Rさん】

辞める前に、いつもの3倍働いてから辞めてください。出し切って出し切って、それでも収入が上がってこないのでしたら、違う仕事を考えてもいいと思います。

収入が上がってくれば「今のやり方、大正解だよ」って神様が○をくれると思います。がんばってくださいね。

【塾生さんの答え② Y・Sさん】

10人のお客様が、3年半も通ってくださるなんてすばらしいです!!

エステには行ったことありませんが、毎月行く散髪屋さんのお兄さんが、毎回とても話がうまくて、時間があっという間に過ぎます。

技術と話術です。エステ以外の付加価値があるといいと思います。

ひとり

一人さんの答え

商売繁盛の秘訣は「もうちょっと」の積み重ね

食っていけないのなら、変えるしかないんだよね。

でも、ラーメン屋なんかでもそうだけど、〈うまいから〉潰れないでいるんだよね。さらに、〈もうちょっと〉うまければ、お客さんが並ぶほど来るんだよ。

それで、この人は10人のお客さんがいるってことは、最低ラインはクリアしてるんです。

商売っていうのは、最低ラインをクリアするのが一番難しいの。あとは、改良すればするほど増えていっちゃうんだよ。

だけど、普通の人はそこで一息ついちゃうクセがあるんだよね。

「食えるようになれば、それでいい」って言うけど、もうちょっとよくしないとダメなの。

エステティシャンの人なら「お客様で『キレイになった！』って喜んでくれる人がいるんです」って言うけど、お客様に言わせる前に、あなたが言わないとダメなんだよ。

「ステキですね」とか「お話ししてるだけで楽しくなります」とか。

要するに、まだ足りないんだよ。

蕎麦屋でも、もうちょっとうまければ並ぶんだよ。その〈もうちょっと〉の努力が足りないんだよ。

〈もうちょっと〉を積み重ねないとダメなの。

それで、その〈ちょっと〉の努力で10人のお客さんが30人になるんだよ。さらに〈もうちょっと〉努力すると50人になり、１００人になるんだよ。

一番大変なのは、最初の10人なの。

10人のお客さんが継続してくれるのなら最低はクリアしてるんだけど、そのあとの〈もっと、もっと〉が必要なの。


社会には何万店も〈もっと、もっと〉があるんだよ。

多くの人は「ちょっとよくしただけで、うんとお客さんが来てくれるんだ」っていうことがわからないんだよね。

「10人のお客さんを20人にするためには、倍の努力が必要だ」と思うんだけど、そんなことはないんだよ。**「微差が大差」なの。**

微差のすごさを知らないから、みんな途中であきらめちゃうんだよね。


勤めに行こうが何しようが、ちょっとした微差なんだよ。

よい社員と悪い社員の差っていっても、まったく働かない人っていないんだよね。「返事がいい」とか「笑顔がいい」とか、ちょっとした差でよい社員になったり、悪い社員になるんだよ。

最低ラインはみんなやってるんだけど、その最低ラインのちょっと上がすごくいいんだよ。

ちょっとでいいの。ちょっとよくなるだけですごくいいの。

この人なら、今10人のお客さんがいるから10点だとすると、11点にすればお客さんが20人になるの。11人になるんじゃないんだよ。さらに12点になると50人になるんだよ。

一人さんの独り言

一人さんのやることが「当たりか、大当たり」しかない理由

海外にお店を出すのでも、失敗したときにどうするかの対策もなく出店するのは、ただの希望だよね。

用心深い人は、常に失敗したときのことを考えているの。

私はよく「俺のやることは当たりか、大当たりしかない」って言うんです。

これは何も驕《おご》って言ってるんじゃないんだよ。ちゃんと対策を考えたうえでやってるから言えることなんだよ。

仕事だけじゃなく、人生にもハズレはないの。

「この大学に行こう」ってがんばってたけど落ちて、違う大学に受かったら、その大学がその人にとっていい大学なの。

「ここでいいことがあるんだ！」って思っている人には失敗じゃないんだよ。

「あそこに行けなかった」って〝いつまでも悔やんでいる人〟が失敗なんだよね。

質問 2

経営するお店を盛り上げ、上手に運営していくには？

お店を経営していくのに大切なことは何でしょうか？
ひとりではどうしても限界があります。
人を上手に雇ってお店を盛り上げ、上手に運営していくのには、何が大切ですか？

塾生さんの答え① S・Eさん

経営で大切なのは「よいことはマネしてでもやる！　ダメなことはすぐやめる！」ことでしょうか。

売上のよい店、流行っている店にはお客様を引きつける魅力がたくさんあるので、自分の店に足りないところは取り入れ、ずっと続けてきて効果がないと思うところは、すぐにやめることだと思います。

人を上手に雇ってお店を盛り上げるには、働いてくれるスタッフに「あなたがいてくれるから、私はとても助かっている」「あなたがいてくれるから、私は……できる」と感謝の気持ちを、ちゃんと言葉にして伝えることだと思います。

すべてに偶然はないので、その人が入ったことで自分も何かを学び、また成長させてくれる相手だと思います。

最初のうちは、何かと忍耐が必要かと思いますが、よいところだけを見るよう心がけて接していけば、自分も成長し、いずれよいスタッフになってくれるのではないでしょうか。

【塾生さんの答え② N・Rさん】

経営は社会的な責任であると思います。

売上ではなく、さまざまな経費を差し引いて経費以外に税金なども納めて、利益を出すことが目的だと思うので、「お店を回すために人が必要」という発想ではなく、「どういうやり方をすれば利益を出せるか」というように切り替えてみると、新たな知恵が生まれてくると思います。

ひとり

一人さんの答え

結果を出す人は向上心がある人

仕事でも何でもそうなんだけど、一番大切なのは向上心なんです。

人間というのは下に落ちるか、横に行くか、上にあがるかなんだけど、人を雇っても、最初からはうまくはいかないけど、向上する人っていうのはだんだんうまくなるの。

向上心がないと、何をやってもうまくいかないんだよね。

最初からうまくいくことはないから、「向上するんだ」っていうつもりでやらないと、うまくならないよ。

仕事でもそうだし、絵を描くのでもそうなの。「もっとうまくなりたい」という向上心を持って絵を描いてる人と、何も考えないで描いてる人とでは、必ず結果が違ってくるんだよね。

一人さんの独り言

成功するために必要な3つのこと

成功するためには〈3つのこと〉がないとダメなんです。

1つ目は〈向上心〉。

たとえば青森に行くのでも、「青森に行くぞ！」って思わないと行けないよね。それと一緒なの。向上心がないと人は向上しないんだよ。

2つ目は〈せっかち〉なこと。せっかちでないと人は行動が遅くなるの。

そして３つ目が〈臆病〉。

臆病じゃない人の立てた計画って、計画になってないの。どれだけ勇敢に戦って勝っても、その後の食料補給のことを考えてないと、それだけで全軍が崩壊してしまうことだってあるんだよ。

織田信長は戦うことには長けていたけど、臆病さに欠けていたの。だから天下統一を目前にして、本能寺で明智光秀にやられちゃったんだよね。

豊臣秀吉は度胸がいいから、土地でも何でも人にあげちゃって、自分が死んだあとのことをちゃんと考えてなかったの。

その点、徳川家康が一番、臆病だったんだよね。

だから天下を取っても大名に参勤交代させたり、子どもができない家をお取り潰しにしたりしたんだよ。

「欲はないほうがいい」は間違い

成功したいなら向上心は必要だよ。

「もっとお金持ちになりたい」っていうのも向上心だし、「もっとモテたい」っていうのも向上心だよね。「外車に乗りたい」っていうのも向上心だし、「世界中を旅したい」っていうのも向上心なんだよ。

その向上心を抑えつけたり、「欲がないほうがいいことだ」って思うのが間違いなの。

私はもっと儲けたいと思ってるし、もっとモテたいと思ってるんです（笑）。

それを「そんなにお金があるのに十分じゃないか」とか、「結婚してるのに、もっとモテたいっていうのは不道徳だ」なんて思うと、向上心がなくなるんだよね。

「お金が欲しい」より「仕事が好きです」がお金を引き寄せる

「お金が欲しい」って言ってる人で、お金持ちはあまりいない。
でも「仕事が好きです」っていう人は、お金が入ってくるんだよね。

「家族が大切だ」っていうのも、家族が病気になったときにお金も大切だってわかるんです。
でも、お金の大切さがわかっても仕事の大切さがわからないと、お金は入ってこないんです。

質問 3

掃除嫌いの社長とうまくやっていくには？

物を捨てたり掃除をしたりすると、社長にイヤがられます。社長いわく「もったいないし、汚いなりに把握しているし、大事なメモもある！」とのことで、物を動かすと怒られます。あまり汚いと仕事にも差し支えるし、運気も下がると思うので、掃除をしたい私と社長の間で重い空気が流れます。どうしたらいいでしょうか？

塾生さんの答え① K・Kさん

汚れていると、気分がすぐれませんね。

あなたはいつも通りぴかぴかにして、〈上気元〉でいてください。

人はすぐには変えられないのです。

あなたがいい波動で、楽しく過ごしてくださいね。

塾生さんの答え② Y・Hさん

まずは、自分のデスク周りを整理整頓して、お花を飾ったりして、美しくキレイな波動を社長さんに移してみてはどうでしょうか。

お手洗いなども、美しくキレイにして、あなたが〈上気元〉でいると、その波動が移ると思いますよ。

大切なのは、人を変えようとしないこと。自分が〈上気元〉でいること。

周りの人を変えようとせず、自分の目の前の仕事に集中すること。

ここから、また流れが変わってくると思いますよ。

あなたが周りのことも考えて、キレイにしようとする、その思いを応援してます！

一人さんの答え
何かを利用して人を責めてはいけない

この質問ね、2、3回読み返してみるとわかるんだけど、この文面の中に「私は社長が嫌いです」という波動が出てるんだよ。

「私は正しいんだ」「掃除するほうが正しいんだ」と言いながら、社長をやっつけようとしてるんです。

そこで働いてお給料もらってるんだから、「社長は掃除やなんかはできないけど、これだけの仕事をしてるんだ」とか、そういう「すばらしい人なんだ」という考え方のもとに接しないと。

お給料もらいながら社長の悪口言ってたんじゃ、絶対にうまくいかないよ。

社長には「社長の能力」があるから、社長をやれてるんだよね。

もしうまくやりたいんだとしたら、その人のイヤがることをしなければいいの。別にあなたの家を汚くしろって言ってるんじゃないんだよ。

社長が「このままにしておいてくれ」って言うんだったら、何か理由があるんだよ。

やっぱりね、「社長はすばらしい」って思わないとうまくいかないよ。

この質問を読んでいると、「掃除を利用して社長を責めてるところがないですか？」って言いたいの。

それはやめたほうがいいよ。

質問 4

互いに苦手な相手とうまく付き合っていくには？

自分も相手も、お互いが苦手な人との関係をよくして、うまく付き合っていくにはどうしたらいいでしょうか？

相手によく思われないのは、蒔いた種の刈り取り方が悪いからだと思います。

乗り越えていくための心がけと、気持ちを強くするためには、どうしたらいいでしょうか？

【塾生さんの答え①　I・Sさん】

苦手な人とは、仲良くしなくてもいいですよ。

「仲良くしなきゃいけない」って思うと、疲れますからね。

相手には、相手の事情があるし、自分には自分の事情がある。「仲良くしなきゃ」と思って相手を否定するより「嫌いでけっこう」と思って相手を認めたほうが、楽ですよ。

【塾生さんの答え②　M・Eさん】

お互いが苦手だと気づいているのに、一緒にいなくてはいけない状況だとして……。

相手のいいところをひとつでも見つける努力をする。

見つけられないときは、「この人のいいところを見つけられないなんて……。でも、そんな自分をゆるします」でいいですよ。

うまく付き合いたいと思っているなら、もっと気楽に考えたらいいですよ。

ところで、あなたは本当に相手のことが苦手なのですか？

「相手によく思われないのは……」って思っている時点で、本当はよく思われたいとか仲良くしたいんじゃないですか？

一人さんの答え
嫌いな相手とは距離を置く

まず考えなきゃいけないのはね、相手もあなたを嫌ってるし、あなたも嫌いなんだよね。そのふたりが、なんで仲良くする必要があるのかってことなんだよ。

それよりも、周りに仲のいい人がいっぱいいるんだよね。

仲の悪い人と仲良くしようとすると、それだけで暗くなるから、周りとの付き合いも暗くなって、人生がダメになっちゃうんだよ。

だから、そういう人のことはできるだけかまわないとか、付き合わないとか、そういうことをして付き合わない努力をしてると、だんだん仲良くなってくるものなんだよね。

牡蠣《かき》が大好きな人がいれば、牡蠣が大嫌いな人もいるんだよ。それで、「牡蠣が嫌いな自分が、どうすれば牡蠣が好きになれるか」を研究するより、食べなければいいんだよ。

そうやって自分の好きなものばかり食べてると、そのうち違うものも食べたくなって、もしかしたら牡蠣が好きになるかもしれないしね。

まあ、人間と牡蠣とは違うからたとえはよくないかもしれないけど、なんかね、「うまくいかない人と、どうすればうまくいきますか？」っていうことに時間を費やす人がいるけど、それ自体がムダかもしれないね。

この質問も「その人とは、どうすれば距離を置けますか」とか「どうすれば離れられますか？」っていうことのほうがいいよね。

それで、あなたによくしてくれる人とかが周りにいっぱいいるはずだから、その人たちのことを考えたほうが、人生よくなるよ。

質問が間違っていると、人生が苦しくなるの。

それで、仲良くするほうが正しいと思ってるんだよね。

でも、牡蠣を食わなくても、人生で何も起きないんだよね。

それと一緒だと思うよ。

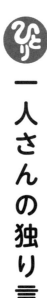

一人さんの独り言

自分の欠点は「直す」のではなく「活かす」

この世の中に〈不都合なこと〉なんてないんだよ。
この世の中には、うまいものもあるし、まずいものもあるし、食えないものもあるの。

それで、植物でも食えないものを調べてみると、人間だけじゃなくて、動物も食えない。そこでさらに詳しく調べてみると、そこから殺虫剤の成分が見つかったりするんです。

この世の中には「使い物にならないもの」はひとつもないの。

「使い道がわからないもの」があるだけなんだよ。

そんなものが世界中にはまだまだたくさんあるんだよね。

そう考えると、日本はまだまだよくなるし、世界ももっともっとよくなる。

トリカブトは漢方薬としても使われるけど、毒としても使われるんだよね。

土の中にはたくさんのバイ菌がいるの。そのバイ菌を殺さなきゃいけないから大根は辛いんだよ。それも、下のほうほど辛いんだよね。

私は自分が〝せっかち〟だということを知ってるし、それも「神様からもらった性質だ」と思ってるの。

だからそれを直そうとしないし、活かそうとするんだよね。

質問 5

理想の男性と出会うためには、どうすればいい？

気の合う、意気投合するような男性に出会うために、気になった方には声をかけるようにしていますが、なかなかうまくいきません。

理想の男性と出会うためには、どのようなことをして、どういう心構えでいればよいでしょうか？

【塾生さんの答え①　H・Nさん】

「気になった方には声をかけるようにしています」とのこと、すばらしい資質を持っている（これができない人が多いです）し、皆さんの声を聞こうという姿勢もすばらしいです。

行動力と研究心旺盛なあなたなら、大丈夫。

エジソンの研究と同じように、理想を変えず、毎回の行動に反省と工夫を加えていけば、「引き寄せの法則」で最終的に理想の方を引き寄せられると思います。

理想にいつも燃えてワクワク楽しんでくださいね！　あなたなら大丈夫！

【塾生さんの答え②　M・Eさん】

自分から声をかけられるって、すごいですね。

自分が魅力的な人になれば、似たような人が集まってくるのではないでしょうか？

たとえば、優しい人が理想なら、自分も人に優しくするとか。

イケメンがいいなら、自分も外見を磨くとか。私の場合、旦那は理想の男性とは全然違いますが（笑）、とっても縁を感じてるし、学べるし、自分が未熟だから出会えた人だと思います。今の自分にぴったりな人だと思います。

あなたが理想の人と出会えてお付き合いしたいなら、その人に似合う女性になれるようにしたらいいと思います。

なんか、そういう時期って楽しくていいですね。

一人さんの答え
理想の男性なんていないよ

理想の男性なんて、いないよ。

好みの男性がいるだけ。それで、好みの男性と付き合っても、しばらくすると理想じゃないことがわかるの。

だから、「好みだからいい」と思わないとダメ。

そんなに理想を望まれても男はそれに応えられないし、そもそも理想っていっても、相手の理想のために生きてるわけじゃないんだから。

「好みならいい」と思ったほうがいいよね。

どんなに好みの人でも、それが理想じゃないっていうことは、付き合ってるとすぐにわかるよ。

好みの相手と付き合えたら、それで１００点なんだよね。

一人さんの独り言

神様が決めたことを選り好みしてはいけない

「運命の出会いってありますか？」って聞く人がいるんだけど、あるんです。

でも、運命の人と結婚しようと思うのなら、まず「誰とでもいい」って思わないとダメなの。

「これがいい、あれがいい」って言うのは自分の希望なんだよね。「縁があれば誰でもいい」って思えたときに、初めて運命の人と出会えるんだよ。

神様が決めたことを「あれがいい、これがいい」って言っちゃダメなの。「あれがいい、これがいい」って言ってる人ほど結婚できないのは、〝その人の運命と違う人〟と結婚しようと思ってるから、結婚できなくなるんだよ。

「結婚相手としていい人」っていうのは「幸せにしてくれる人」というよりも、**「魂を成長させてくれる人」なんです。**

あまりに自分勝手な妄想が多い人だと、「こんなとんでもない人がいるのか！」っていうことをわからせるために結婚させるっていうこともあるんです。

2回結婚する人はその中で魂を成長させるようになってるし、4回でも5回でもする人っているんです。

結婚って、生まれも育ちも、経験も価値観も違う人同士がするんだよね。すると、自分の思い通りにいかないことが起こる。

そこで魂が成長するんだよ。

「魂の成長」を考えると運命の人は自然と現れる

「運命の人」を探すのなら、それは大勢の人の中にいるんだよね。

千人とか万人の中にいるんです。

それで、その千人とか万人の中から見つけるためには、その人たちに嫌われないようにしないとダメなんだよ。

そうすると「笑顔でいよう」とか、「清潔な身なりをしよう」とか「愛のある言葉を話そう」とか「人に嫌みを言わないほうがいい」とか「優しいほうがいい」ってなるんです。


運命の人は千人、万人の中にいます。

だから「その運命の人だけに好かれる」っていうのは無理なんです。

みんなから嫌われながら、その中のひとりだけに好かれようってできないよね。

「彼女が欲しい、彼氏が欲しい」というのでも、そのことを利用して**「どうすれば魂が成長するか」って考えたら、必ずうまくいく答えが出てくるんです。**

それでもし、その人と別れたとしても、必ず次にいい人が現れるんです。

だって、千人に好かれる人を放っておくわけありません。

それに困ったことも起きないんです。

できる人、できない人、その決定的な差とは？

いかがでしたか？

一人さんの回答もそうですが、塾生さんの回答にも感心して、「自分にはとても、こんなすごい回答は出せない」と思った方もいらっしゃるかもしれません。

でも、塾生さんたちも最初からこのような回答が出せたわけではないのです。

毎回、一人さんや仲間の塾生さんたちと共に学び続けたからこそ、出せた回答なのです。

実際、私は「斉藤一人　生成発展塾・柴村恵美子スクール」を主宰させていただいてから、自分の成長はもちろん、塾生さんたちが日に日に成長する姿を目の当たりにして、驚くばかりです。

「できる人とできない人の差は〈能力の差〉なんだ」と言う人がいます。では、その〈能力の差〉とは何でしょうか。

知識が多い、少ないというのもあるかもしれませんが、一番大切なのは**「物事をどれだけ〈ポジティブに捉える〉ことができるか」だと私は思うのです。**

物事をポジティブに捉えることができるようになると、イメージがどんどん広がっていきます。

ネガティブに捉えればイメージは広がらず、そこで成長は止まってしまいます。

イメージできないものを引き寄せることはできませんし、実現することもできません。だから、思考をどれだけ広げることができるかが、能力の差となって表れるのです。

生成発展塾では、あらゆるジャンルの問題に対してそれぞれが回答を出していきますが、ひとつひとつの問題に対して「生成発展していく回答」を考えていくので、自ずと物事をポジティブに捉える思考が身につきます。

人には、〈脳力〉の差はほとんどありません。

それどころか、どれだけすぐれた脳を持っていても使わないと成長しませんし、使い方を間違えたら役に立たないのです。

どれだけ知識を脳にインプットしたとしても、それを「どうやってアウトプットするか」が、私たちには問われています。

その出し方次第で、インプットした知識が活かされるか、活かされないかも変わります。

人間の体もそうです。私は健康のために毎日ジムで走っていますが、最初は筋肉痛になり、すぐに疲れてしまいました。

しかし、それを続けていると、5分、10分と走れるようになり、今では毎日30分、楽に楽しく走れるようになりました。

すると体の調子がよくなって、気持ちも軽くなり、すべてのことが好転し出したのです。

最初は難しくても、物事をポジティブに捉えて「どうすれば生成発展するか」を考える習慣を身につければ、あなたの能力も必ず開花しますよ！

一人さんの独り言

あなたはすでに「強力な武器」を持っている

楠《くすの》木《き》正成《まさしげ》という武将が千《ち》早《はや》城に立てこもったときの面白いエピソードがあります。

攻めてきた敵に対して、煮立てた糞尿《ふんにょう》を頭からかけて撃退したんだよね。

それまで「ただのウンコやオシッコ」だったものを「強力な武器」に一瞬で変えたんだよ（笑）。

それと同じで、あなたがいらないもの、必要ないと思ってるものの中には、まだまだ「強力な武器」があるんだよ。

神様はあなたに必要なものを山ほど与えているの。

この地球上でもいろんなものが発見されるけど、そうしたものはすでにあったんだよね。

使い道がわからなかっただけなの。

レアアースなんかの希少金属でも、最近になって脚光を浴びてるけど昔からあったんだよ。

価値があってもタダで聞いた話は身につかない

価値があっても、タダで聞いた話は身につかないんです。
だから、何でもタダでもらおうとしちゃダメだよ。

蕎麦でも何でも、タダでは食えないんです。
人は「ゆで卵が1個いくら」っていうのはわかるんだよね。
それに対して知恵って形がないし、その価値は人によって違うんだよ。

でも、知恵に価値を覚えない人って結局、その知恵が身につかないの。
「いい話をタダで聞いてトクした」って思うかもしれないけど、知恵に対して価値を払わない人は、その本当の価値をわかってないのと一緒なんだよ。

すべては「心を豊かにすること」から始まるんです。
豊かになりたかったら、まず自分の心を豊かにすること。
自分の心を豊かにするのには1円もかからないんだよね。

おわりに

いかがでしたか？

あなたが人生に悩んだとき上気元（ポジティブ思考）にしていれば、神様が応援してくれますよ。

私が日本一「ツイてる」斎藤一人さんと出会って、最初に教わったのは、「ツイてる！」「感謝してます！」を、1日100回言うことでした。

これを続けていると、不思議と人生の岐路に立ったり、迷ったりしたときに、自分にとってよいほうへと導かれたような気がします。

一人さんは、自分の心の中にある宇宙や神様から、ステキな答えを引き出してくる方法を教えてくれます。

幸せの成功者であり、幸運の引き寄せ方を知っている一人さんが、実際にやってみせてくれるのです。

それを素直に聞いてやってきたからこそ、人生の選択を間違えずに、今の私があるのだと思っています。

「ツイてる！」「感謝してます！」と思っていなくても、とにかく言葉にして言うことが大切です。

そして、自分が聞いてよかったと思うことは、どんどん人に教えてあげてください。


聞いてよかったことが次の人に伝わって、また次の人にとつながっていけば、世界はあっという間に明るいエネルギーでいっぱいになるんです。

まさにペイフォワード（よいことをされたらそれをほかの人にしていく）ですね。そんな世界が早く来るといいなと心から願っています。

最後に楽しい実験をご紹介します。

「Oリングテスト」です。お友達と一緒にやってみましょう。

①利き手の親指と人差し指（または中指）でOKサインのように輪をつくります。

②その輪にむかって「ツイてる！　感謝してます！」を5回くらい言います。

③お友達に、親指と人差し指（または中指）でつくった輪を開くように、引っ張ってもらいます。

④**なかなか開きにくい（または開かない）場合**……あなたにとってよいもの（よいエネルギー）が満ちていると言われています。

⑤**すぐに開く場合**……あなたにとってよくないもの（悪いエネルギー）が満ちていると言われています。

どうなるか、ぜひあなたもやってみてくださいね。
きっと楽しいことが待ってますよ。

柴村恵美子

〈著者紹介〉

柴村恵美子（しばむら　えみこ）

斎藤一人さんの一番弟子。銀座まるかん柴村グループ代表。北海道生まれ。18歳のとき指圧の専門学校で、斎藤一人さんと出会います。数年後、一人さんの肯定的かつ魅力的な考え方に共感し、一番弟子としてまるかんの仕事をスタート。以来、東京や大阪をはじめとする、13都道府県のエリアを任され、統括するようになりました。また、一人さんが全国高額納税者番付で１位になったとき、全国86位の快挙を果たしました。現在に至るまで、一人さんの教えを自ら実践し、広めています。
主な著書に、15万部突破のベストセラー『斎藤一人 天が味方する「引き寄せの法則」』をはじめ『斎藤一人 天とつながる「思考が現実になる法則」』『斎藤一人 天も応援する「お金を引き寄せる法則」』（いずれもＰＨＰ研究所）や、『器』『運』『天』（以上、斎藤一人氏との共著、サンマーク出版）、『斎藤一人の不思議な魅力論』（ＰＨＰ文庫）、『新版 斎藤一人 奇跡を呼び起こす「魅力」の成功法則』（文庫ぎんが堂）などがあります。

〈斎藤一人さんと柴村恵美子社長の楽しい公式ホームページ〉
http://shibamuraemiko.com/

〈柴村恵美子　公式ブログ〉 http://ameblo.jp/tuiteru-emiko/

〈さいとうひとり　公式ブログ〉 http://saitou-hitori.jugem.jp/

斎藤一人　人生に悩んだとき神様に応援してもらう方法

2017年3月8日　第1版第1刷発行

著　者　柴村恵美子
発行者　清水卓智
発行所　株式会社ＰＨＰエディターズ・グループ
〒135-0061　江東区豊洲5-6-52
☎03-6204-2931
http://www.peg.co.jp/

発売元　株式会社ＰＨＰ研究所
東京本部　〒135-8137　江東区豊洲5-6-52
普及一部　☎03-3520-9630
京都本部　〒601-8411　京都市南区西九条北ノ内町11
PHP INTERFACE　http://www.php.co.jp/

印刷所
製本所　図書印刷株式会社

ISBN978-4-569-83289-0

PHPエディターズ・グループの本

絶対、よくなる!

斎藤一人 著

気づいていますか? あなたの人生、すでにウマくいっているのです。あなたが気づいていないだけ。あなたがそこに気づけば、人生、必ずよくなるんです!

定価 本体一、〇〇〇円(税別)